Adolf von Wilbrandt

Gracchus der Volkstribun

Trauerspiel in fünf Aufzügen

Adolf von Wilbrandt

Gracchus der Volkstribun
Trauerspiel in fünf Aufzügen

ISBN/EAN: 9783743322738

Hergestellt in Europa, USA, Kanada, Australien, Japan

Cover: Foto ©ninafisch / pixelio.de

Manufactured and distributed by brebook publishing software
(www.brebook.com)

Adolf von Wilbrandt

Gracchus der Volkstribun

Gracchus der Volkstribun.

Trauerspiel in fünf Aufzügen

von

Adolf Wilbrandt.

Wien 1872.

Verlag von L. Rosner.

Tuchlauben Nr. 22.

Personen.

Gajus Gracchus. *Kraus.*

Licinnia, sein Weib.

Cornelia, seine Mutter. *Stahlmann.*

Scipio Africanus (der Jüngere), gewesener Consul.

Quintus Metellus, Consul.

Aulus, }
Rufus, } dessen Söhne.

Lucius Opimius, Führer der Senatspartei.

Livius Drusus.

Marcus Pomponius, Freund des Gracchus.

Publius Lätorius, ein junger Plebejer.

Kleon, ein Freigelassener.

Euporus, Sclave des Gracchus.

Carbo, }
Agricola, } Bürger.

Ein Sclave des Scipio.

Ein Lictor.

Senatoren, Magistratspersonen, Lictoren, Priester, Sclaven und Volk.

Ort der Handlung: Rom, zu den Zeiten der Republik.

Erster Aufzug.

———

Auf dem Forum in Rom. Im Hintergrunde eine durch Stufen erhöhte Säulenhalle, dahinter aufragend das Capitol. Rechts stößt an die Säulenhalle der halb sichtbare Porticus eines Tempels an. Nach vorne zu, in der Mitte, eine Tribüne, mit Sesseln für den Consul und seine Schreiber. Links von ihr die Bänke oder Sitze der Senatoren, die, nur zum Theil sichtbar, sich hinter der Coulisse fortzusetzen scheinen; rechts freier Platz.

Erster Auftritt.

Kleon, der Freigelassene (schlecht gekleidet, verdächtige Erscheinung, steht im Vorder-grunde, lebhaft redend und gesticulirend), mit Carbo, Agricola und andern römischen Bürgern. Kleinere Volksgruppen (stehen im Hintergrunde oder ziehen vorüber). Später Euporus.

Carbo.

Es ist nicht wahr!

Kleon.

Es ist wahr!

Agricola (näher tretend).

Was soll wahr sein, was soll nicht wahr sein?

Carbo.

Unsinn! Ich glaub's nicht. Gajus Gracchus, der junge Gracchus, der Quästor —

Agricola.

Was ist mit dem?

Carbo.

Hier in Rom soll er sein; soll sich vom sardinischen Heer verlaufen haben, auf seine eigene Faust. Warum? Weil er Unruh' und Aufruhr machen will wie sein Bruder Tiberius!

Agricola.

Das Heer verlassen: das ist ungesetzlich.

Carbo (entrüstet).

Das ist Rebellion!

Kleon.

Rebellion oder nicht — was geht's mich an! In Ostia hat man ihn ans Land steigen sehen; ich sag's euch. Er will den Senat in ein Mausloch jagen, Volkstribun werden, und aus allen römischen Bürgern reiche Leute machen.

Agricola (lachend).

Nun, das wär' nicht schlecht! Ich bin ein armer römischer Bürger, mit sieben Kindern.

Kleon.

Mich gehts nicht an! Bin Sclav gewesen, hab' nun meine Freiheit, — helfe mir selber durch. Mit den vornehmen Leuten — und der Gajus Gracchus ist auch so einer — hab' ich nichts zu schaffen.

Agricola.

Außer, wenn sie dem guten Kleon Futter geben, damit er für sie thut, was kein Andrer thun will! Da ist er allzeit zu haben —

Kleon (trotzig).

Ich! — Wer sagt mir was Unsauberes nach? Hüte deine borstige Zunge, du „armer römischer Bürger".

Agricola.

Man hört zuweilen von dir! (Sieht hinten Euporus von links vorübergehn; ruft.) Heda! Euporus! — Ist das nicht Euporus, einer von Gracchus' Sclaven? — Euporus!

Euporus (kommt nach vorn).

Wer ruft da? — Ich muß fort; haltet mich nicht auf.

Agricola.

Brennt's dir unter den Sohlen? — Du sollst uns sagen, ob dein Herr heimgekommen ist: dann kannst du dir Merkur=flügel anschnallen und weiterfliegen.

Euporus.

Mein Herr? Was weiß ich? (Geschrei links hinter der Scene.) Hört ihr den Lärm da hinten am Palatin? Alle Gassen mit Menschen vollgepfropft, ich kann nicht nach Haus. Sie rufen und schreien durch einander: „Gajus Gracchus ist da! — Gajus Gracchus ist nicht da! — Es lebe Gajus Gracchus! — Nieder mit Gajus Gracchus!" — Und ich stehe und dränge und rufe, und kann nicht nach Haus.

Kleon.

Hast du Narr keine Ellenbogen?

Carbo.

Ist dein Herr, der Gajus Gracchus, da oder nicht?

Euporus.

Weiß ich's? Sie sagen Ja, sie sagen Nein! Niemand hat ihn gesehn. Die Herrin ist fort, zum Juno=Tempel; und ich kann nicht nach Haus. (Neues Geschrei hinter der Scene.) Ei so schrei du Gesindel! — „Macht Platz", ruf' ich, „macht Platz" — aber sie lachen mir ins Gesicht und schreien: „Nieder mit Gajus Gracchus!"

Carbo.

Was will er auch hier in Rom? Das Gesetz hat ihn nach Sardinien geschickt: er soll warten, bis das Gesetz ihn heimruft.

Euporus (ängstlich).

Er ist nicht da, sag' ich. Wer hat ihn gesehn — wo ist er?

Kleon.

Nun, wo wird er sein? In seine Geldkiste gekrochen — oder hinter dem Spinnrocken seiner Mutter versteckt. Aus Furcht vor dem Senat —

Agricola.

Seiner Mutter? Da kommt sie grade die heilige Straße herab.

Euporus.

Wo?

Zweiter Auftritt.

Die **Vorigen**, **Cornelia** und **Licinnia** (in vornehmer Kleidung, kommen von rechts, zwei Sclaven hinter ihnen). **Publius Lätorius** (jung, bleich, aufgeregt, hat sich im Hintergrunde unter das Volk gemischt).

Lätorius.

Es lebe Cornelia, die Tochter des großen Scipio!

Volk (im Hintergrunde, vielstimmig).

Die Tochter des großen Scipio — hoch! hoch!

Cornelia
(mit angegrautem Haar, würdevoll, freundlich).

Die Tochter Scipio's dankt, ihr werthen Bürger und Freunde! (Zu Lätorius.) Wer bist du, der du noch heut meinen todten Vater so begrüßest?

Lätorius.

Ein Kind von Rom, das alle unsterblichen Römer ehrt. (Laut.) Bürger: es lebe Cornelia, die Mutter der Gracchen! (Das Volk bleibt stumm.)

Cornelia
(blickt erschüttert umher; dann sich Fassung erkämpfend).

Warum rufst du auch „die Mutter der Gracchen" an? Du siehst, kein freundliches Echo giebt dir Antwort! Die Römer sind zufrieden, daß Scipio's Tochter lebt, (schmerzlich) aber sie grollen mir, daß ich die Mutter der Gracchen bin.

Lätorius.

Weil ihre Mannheit mit deinem Sohn Tiberius zu Grabe ging; weil sie sich vor dem großen Senat, unserm Thrannen, fürchten! — Mutter der Gracchen, i ch, Publius Lätorius, wünsche dir alles Heil. Mögen die Götter deinen Sohn Gajus wachsen lassen wie die stolze Cypresse!

Licinnia (erschreckend).

O nicht doch! Die Cypresse bedeutet das Grab.

Cornelia.

Nein, mein Freund! Mögen die guten Götter meinen letzten Sohn, den Mann dieser Frau, vor aller Erhöhung bewahren!

Mögen sie ihn still und lange leben lassen, — und wenn ich jetzt nach Hause komme, möge kein Gajus drin zu finden sein!

Licinnia (erregt, halblaut).

Mutter Cornelia, komm! Es läuft mir über die Haut. Wenn es wahr wäre — wenn er's wirklich gewagt hat!

Cornelia (halblaut).

Still! still!

Lätorius.

Wie! Ihr wißt nicht — auch ihr nicht — ob Gajus Gracchus heimgekommen ist oder nicht?

Cornelia.

Was wissen wir, guter Freund? Wie wir vom Tempel der Juno kommen, ruft das Volk, er sei da. Fort von Consul und Heer, der Republik ungehorsam — er, ein einzelner Mann! Ich bin seine Mutter, ich glaub's nicht! Ein Phantom hat die guten Römer geäfft; mein Sohn sitzt in Sardinien unter des Consuls Zelt, und nur das Gerücht, als Wahrheit verkleidet, mit hundert Zungen seinen Namen hinausrufend, wandelt durch unsere Straßen!

Licinnia.

So ist's! so ist's!

Dritter Auftritt.

Die Vorigen, Marcus Pomponius (kommt haftig von links. Neues Geschrei hinter der Scene).

Cornelia.

Was schreien sie so überlaut? — Pomponius, unser Freund!

Pomponius.

Ich grüß' euch, werthe Frauen; — grüße euch mit wenig Athem, doch mit desto mehr Treue. (Athem holend) Oh! — Im Styx will ich ertrinken, wenn ich die Welt heute Morgen verstehe!

Licinnia (haftig).

Was weißt du von Gajus? Sprich!

Pomponius.

Ich? So viel wie die Luft — nach der ich schnappe.
Macht keinen Versuch, werthe Frauen, auf den Palatin, in euer
Haus zu kommen: unsere alte Stadtmauer steht nicht fester, als
dieses Gedränge, das die Straßen versperrt. Sie lassen ihn
leben und sterben, bunt durch einander; füllen das bischen Raum,
das noch zwischen ihren Ellenbogen übrig ist, mit Stößen und
Püffen aus, und schicken ihre Verwünschungen und ihre Knoblauch=
gerüche zum Himmel hinauf. Gracchus der Volksfreund! Gracchus
der Verräther! ruft's von rechts und von links. Sie schwitzen
und warten ab, wie es enden wird, und um sich die Zeit zu
vertreiben, schreien sie: Nieder mit dem Senat! — Nieder mit
Gracchus!

Licinnia.

O still! Was sind das für Worte; wiederhole sie nicht! —
Wär' dieser Tag erst zu Ende, dieser schreckliche Tag! — Mutter
Cornelia, komm und laß uns gehn!

Cornelia.

Wohin?

Licinnia.

Ich bin sein Weib und soll nicht wissen, wo er ist? Er
tritt vielleicht eben über unsere Schwelle, und ich, Licinnia, soll
ihn nicht begrüßen? — O ich wollte, all meine Sehnsucht täuschte
mich und er wäre nicht da, er säße noch fünfzig Meilen von
hier unter seinem Zelt und ich könnte mich in Frieden nach ihm
sehnen!

Pomponius (halblaut).

Beim Jupiter, ja, eben das wollt' ich auch! Was hat er
in Rom zu schaffen, so lange er Quästor ist? Das ist Trotz
gegen das Gesetz! Das gibt dem Senat eine regelrechte Klage
gegen ihn — und die suchen sie lange. Sie möchten ihn auch
zu Grunde richten, wie seinen Bruder Tiber: so hätte Rom
keine Gracchen, keine Retter, keine Befreier mehr! — Er soll
den Göttern vertrauen und seine Tage erwarten!

Licinnia.

Mutter, warum stehst du so düster und schweigst? — Um
aller Götter Willen, führt mich nach Haus!

Pomponius.

Kommt, ich will versuchen, was ich kann: vielleicht von hinten herum — vom Tempel der Vesta her. Euporus! (Euporus tritt näher.) Nehmen wir alle unsere Kehlen und Ellenbogen zusammen, und dringen wir durch's Rindergäßchen hinauf. Muth, Licinnia, Muth!

Licinnia.

Ich bin eines Gracchus Weib und soll nicht fürchten?

Cornelia.

Ich bin seine Mutter; siehst du, daß ich mich fürchte? — Geh!

Pomponius.

Ich gehe voran! (Mit Euporus nach hinten rechts ab; die Frauen und ihre Sclaven folgen. Neues Rufen hinter der Scene.)

Vierter Auftritt.

Lätorius (mit seinem Volkshaufen), **Kleon**, die **Bürger**; später **Metellus**, **Opimius**, Senatoren und **Gefolge**.

Kleon (im Vordergrund).

Nur zu, nur zu; nur Alles drunter und drüber! — Leute, ich glaube, es giebt wieder eine lustige Zeit! Es riecht in der Luft nach Blut. Seinen Bruder Tiberius haben sie mit Knütteln todtgeschlagen: den Gajus werden sie vielleicht auf ihre Schreibgriffel spießen.

Lätorius (näher tretend).

Möchtest du etwa auch mit anfassen, du bissiger Hund?

Kleon (fährt auf).

Wer sagt mir das? — Elender Aventiner — (Packt Lätorius an der Brust.)

Agricola.

Halt! Mit Fäusten wird hier nicht geantwortet. Laß los! (Das Volk tritt hinzu; Lätorius stößt Kleon zurück.)

Kleon.

Wenn ich ein Hund bin, soll ich ihm nicht an die Kehle fahren? — Ich bin Kleon, der Freigelassene, ein ehrlicher Mann; wer bist du, Bleichgesicht?

Lätorius.

Lätorius, meiner Mutter Sohn, — und kein ehrlicher Mann, wenn du einer bist. Ich kenne dich! Deinesgleichen verpesten uns die Luft, und dann glauben sie, es rieche nach Blut. Deinesgleichen möchten aus Rom eine Räuberherberge machen —

Kleon

(ist nach rechts zurückgetreten, ein Haufe um ihn her).

Ich kenne dich auch, Aventiner! — Das ist Einer von Denen, die Nachts auf dem aventinischen Berg ihre Versamm= lungen halten und sich gegen den Senat, gegen die Republik, gegen die Regierung verschwören. — Reiß mir die Zunge aus, wenn du kannst! Es lebe der Senat! (Der Haufe um ihn wieder= holt: „Es lebe der Senat!")

Lätorius (links mit seinem Haufen).

Mit dir streit' ich nicht. Es lebe das freie Volk! (Sein Haufe fällt ein.)

Carbo.

Vor Allem lebe der Friede!

Kleon.

Was Friede! Mit diesen nächtlichen Bleichgesichtern brauch' ich keinen Frieden; — die wird der Senat auseinanderjagen, wie die Fackel die Fledermäuse. Reiß mir die Zunge aus, wenn du kannst! Nieder mit dem Gracchus!

Volkshaufe.

Nieder mit dem Gracchus!

Lätorius.

Nieder mit euch! (Tritt vor. Sie wollen handgemein werden.)

Agricola.

Halt! (Ruf des Lictors hinter der Scene: „Platz für den Consul!" — Lätorius bleibt stehen; das Volk tritt nach beiden Seiten zurück. Von hinten links erscheint der Consul Metellus, die Lictoren mit Beilen und Ruthenbündeln vor ihm her, zwei Schreiber ihm folgend; dann Opimius, zwei Censoren, Senatoren und nachdrängendes Volk.)

Metellus (alt, grau).

Wer lärmt hier? (Stille.) Wenn sich Senat und Volk auf diesem Platze versammeln, so thun sie's, um mit der Götter

Hülfe würdig zu berathen, nicht um wie Knaben zu lärmen!
— — Opimius, ich kann dir sagen, ich weiß es: als ich hierher
ging, rief mir's Livius Drusus zu. Er ging vorbei, lief mehr,
als er ging, und rief unterwegs: Consul, der junge Gracchus
ist da, so wahr ich lebe! Heute noch werdet ihr ihn auf dem
Forum sehen, wo er sich rechtfertigen will, vor dem versammel=
ten Volk!

Opimius (mit wildem Hohn).

„Rechtfertigen!" — Sich den Hals brechen! — Er komme
nur, das Gesetz wird ihn fassen!

Metellus.

Er soll ein gewaltiger Redner sein: darauf baut er. Ein=
mal, vor fünf Jahren oder sechs, hab' ich ihn gehört; da war
er der jüngste von allen römischen Rednern. Als er vor Ge=
richt den Lätus vertheidigte —

Opimius.

Den Vettius, willst du sagen; und vor v i e r Jahren,
nicht sechs.

Metellus (empfindlich).

Hört den Pedanten, den Opimius: er will mich's fühlen
lassen, daß ich zehn oder zwanzig Jahre früher alt werde, als
er! — Den Vettius also. Da sprach er wie eine Posaune!
Alles jauchzte ihm zu. Er hatte so etwas Feuriges —

Opimius (mit Spott).

Guter Metellus! Wenn dein Feind, der Tiger, ein schönes
Fell hat, so bleibst du stehen, dich daran zu freuen; — guter,
guter Metellus! Ich sehe nur auf seine funkelnden Augen und
auf das gute Schwert in meiner Hand. Gajus Gracchus, unser
geborner Feind, mag kommen und reden: wir werden ihn nicht
bewundern, sondern ihn richten!

Lätorius
(ist etwas näher getreten; aufgeregt).

Es lebe Gracchus!

Opimius.

Wer ruft da?

Lätorius.

Ich.

Opimius.
(sich hochmüthig von ihm abwendend).

Wer ist dieses blasse „Ich" mit den glühenden Katzen=
augen, — mit denen er sich Abends, wenn's ihm an Kienholz
fehlt, seine Dachkammer erleuchten kann?

Lätorius.

Ein Mann wie du, — wenn ich auch keine Sclaven
peitschen lasse und kein Handwerk verachte.

Opimius
(zu den Senatoren, ohne Lätorius anzusehen).

Ich hatt' euch einmal versprochen, euch einen von den nächt=
lichen „Aventinern" zu zeigen! Seht ihr, das ist einer; sie
haben Augen, womit sie im Dunkeln sehn. Da sitzen sie dann
ihrer zehn oder zwanzig unter den Sternen beisammen, hören
unten die Tiber rauschen, verfluchen den Senat und setzen Rom unter
Blut. Sie haben eine Gesandtschaft nach Sardinien an Gajus
Gracchus geschickt, einen hungernden Schneider und einen bar=
füßigen Schuhflicker, um ihn „im Namen des Volk's" zum König
der römischen Republik zu ernennen (Senatoren und Volk lachen); und
ihr hört's, Gracchus ist gekommen!

Carbo.

Er soll nur kommen; das Gesetz wird ihn fassen!

Volk.

Ins Gefängniß mit ihm! (Geschrei hinter der Scene: „Nieder,
nieder mit Gracchus!")

Fünfter Auftritt.

Die Vorigen, Livius Drusus, Volk. (Kleon verschwindet in der Menge.)

Metellus.

Was rufen sie da hinten?

Opimius.

„Nieder, nieder mit Gracchus!" (für sich) Meine Meute
bellt! (laut) Livius Drusus der Allwissende kommt: nun werden

wir's hören. Ist der Mann, von dem heute jeder Säugling in Rom spricht, — ist er da, oder nicht?

Drusus
(kommt von der Säulenhalle her; Volk drängt nach, füllt die Halle und die zu ihr hinaufführenden Stufen).

Ob er da ist?. Consul und Censoren, zweifelt nicht mehr: mit diesen meinen Augen hab' ich ihn eben gesehn! Er trat vor seine Thür, grüßte die gaffende Menge so mit der Hand, und mit einem ganz verwünschten Lächeln sagte er: Ich bitt' euch, Freunde, gönnt mir ein wenig Platz; nur so viel, um auf meinen beiden Füßen zur Versammlung zu gehen und zu meinen Mitbürgern zu sprechen! Heute gelt' ich noch für einen schlechten Bürger: morgen hoff' ich euer Tribun zu sein!

Opimius (lacht laut auf).

Metellus.
Volkstribun! Ist er toll?

Opimius.
Er ein Volkstribun! Nie, so lang' ich lebe!

Drusus (lächelnd).
Nun, fürchte noch nichts für dein Leben, Opimius! Sie machen ihm Platz, um zur Versammlung zu gehn — aber sie sehen auf ihn hin, wie man auf's Schlachtopfer sieht. Auf den Prellsteinen stehen sie, von den Dächern rufen sie's herunter: Wir wollen keine Gracchen mehr! Fort mit ihm ins Gefängniß!

Volk (nah und fern).
Fort mit ihm in's Gefängniß!

Metellus (nach einer Weile, laut).
Still! (Er hat mittlerweile mit seinen Schreibern die Tribüne erstiegen; die Senatoren und Censoren nehmen links auf ihren Sitzen Platz, die Lictoren stellen sich rechts und links neben die Tribüne.)

Agricola.
Still! Der Consul will reden.

Lictor
(dem Metellus gewinkt hat).

Im Namen des Consuls: alles Volk schweige!

Metellus.

Senat und Volk hab' ich hier versammelt, um unter dem Schutz der Götter über die Klagen der Bundesgenossen zu beschließen. Lucius Opimius will reden; ich ruf' ihn auf.

Opimius (steht auf).

Eh' ich zur Sache rede, — noch ein anderes Wort! Ich stehe hier auf und klage.

Metellus.

Vor wessen Gericht, gegen wen? (Verworrener Lärm und Bewegung im Hintergrund. Einzelne Stimmen: „Gracchus!" Der Ruf pflanzt sich bis in den Vordergrund fort; Alles blickt nach hinten.)

Opimius.

Vor dem versammelten Volk, gegen Gajus Gracchus, den Quästor der Republik. Das Gesetz verachtend, hat er den Proconsul verlassen, sich vom Heer entfernt. Hier in Rom ist er erschienen — (Bricht ab, nach hinten blickend. Die Menge in der Säulenhalle ist auseinandergewichen, Gracchus sichtbar geworden; mit **Pomponius** tritt er zwischen den Säulen vor.)

Metellus.

Nun, so begründe die Klage! Wenn du's beweisest, daß Gracchus gekommen ist — (Gracchus steigt die Stufen herunter, bleibt endlich auf dem freien Raum vor der Tribüne stehen; allgemeine Stille.)

Sechster Auftritt.

Die Vorigen, Gracchus, Pomponius.

Opimius.

Ich beweis' es: hier steht er vor eurem Antlitz! Als wäre nichts geschehen, wagt er vor Göttern und Menschen zu erscheinen.

Pomponius (leise).

Gajus! Du wirst dich verderben; die letzte Hoffnung Roms wird untergehn! — Wärst du deiner Mutter gefolgt!

Gracchus.

Laß mich! (Nachdem er Opimius und den Senat mit stolzen Blicken betrachtet) Lucius Opimius —

Agricola.

Still! Er spricht.

Gracchus.

Ich lese die Klageschrift gegen mich auf deinem Gesicht.
Ich kam nicht her, dich zu unterbrechen! Sprich. Hier steht
nur Ein Bürger mehr, deine Klage zu hören.

Opimius (für sich).

Die Pest über deine dreiste Zunge! (laut) Will ich reden,
Gracchus, so bedarf ich deiner Ermuthigung nicht! — Censoren
und Volk! Die Sache ist hell und klar wie der lichte Tag.
Was ist Gesetz in Rom? Daß der Senat beschließt, wer als
Consul oder an Consuls Statt unsere Heere führt. Was ist
Gesetz in Rom? Daß der Quästor ist, wo der Consul ist.
Hier steht Gajus Gracchus, der Quästor unseres sardinischen
Heers! Daß er hier steht, ist sein Urtheil. Ich überantworte
ihn eurem Gericht; ich habe geredet! (Setzt sich.)

Carbo.

Er steht hier gegen das Gesetz; — er ist verurtheilt!

Volk (durcheinander).

Er ist verurtheilt — verurtheilt!

Pomponius.

Hört — Hört mich an! Bürger, Römer —

Volk.

Still! — Genug!

Pomponius.

Wollt ihr ihn verdammen, ohne ihn zu hören —

Carbo.

Die Sache ist klar wie der Tag; fort mit ihm ins Ge=
fängniß!

Volk.

Fort mit ihm ins Gefängniß!

Metellus.

Stille da! — Gajus Gracchus, wünschest du zu reden?

Gracchus.

Deshalb kam ich her. Das römische Volk —

Opimius.

Er soll nicht! Er ist verurtheilt! Das Volk hört ihn nicht an!

Carbo.

Er soll nicht!

Senat und Volk (durcheinander).

Wir wollen nichts hören! Er ist verurtheilt, verurtheilt!

Gracchus
(steigt auf die Rednerbühne).

Das römische Volk —

Volk (wild).

Herunter mit ihm! — Nieder, nieder mit ihm!

Gracchus (mit mächtiger Stimme).

Das große römische Volk ist stolz und gerecht: es verweigert keinem Beklagten das Recht der Rede! Das große römische Volk, das über den halben Erdkreis herrscht, herrscht auch über sich selbst! (Stille. Sanfter) Hier stehe ich und bitte das versammelte Volk, mich, den römischen Bürger Gajus Gracchus, anzuhören, eh' es über mich richtet.

Metellus.

Er bittet das versammelte Volk! — Wird es ihm verweigert, oder nicht? (Schweigen.) So rede!

Gracchus
(steht eine Weile stumm und sieht über die Menge hin).

Agricola (halblaut).

Er hat sich mächtig verändert! Wie ein rechter Jüngling ging er fort, jetzt sieht er aus wie ein Mann.

Lätorius.

Wie ein König!

Carbo.

Stille!

Gracchus.

Ihr römischen Senatoren: ich denke nicht, mich zu vertheidigen, sondern anzuklagen. Ihr römischen Bürger: ich habe nicht vor, euch zu schmeicheln, sondern zu eurem Gewissen zu reden.

Carbo (halblaut).

Nun, dreist und stolz — das muß man ihm lassen!

Lätorius.

Hört ihn an!

Gracchus.

Was ist Gesetz in Rom? Daß wir zehn Jahre lang unter dem römischen Adler zu Felde ziehen, wenn der Staat unsrer bedarf. Ich, Gajus Gracchus, habe z w ö l f Jahre lang als Krieger gedient! — Was ist Gesetz in Rom? Daß die Quästoren nach Einem Jahr vom Feld nach Haus ziehen dürfen. Ich, Gajus Gracchus, habe d r e i Jahre beim Proconsul verharrt! Wenn das Gesetz mich entließ, wer hielt mich in Sardinien fest? Das Unrecht! — Wer klagt mich hier an? Das Unrecht! — Wer will mich hier durch eure Stimmen verdammen? Das Unrecht! — Kann mir Einer widersprechen, steh' er auf und rede!

Opimius (ohne aufzustehen).

Wo der Feldherr ist, soll auch der Quästor sein! Dem Senat gefiel es, den Proconsul in Sardinien zu lassen: so war es offene Widersetzlichkeit von dir, dich zu entfernen!

Gracchus.

Warum ließ man uns dort? — Hört mich an, werthe Bürger: ich sage euch ein wenig von den Geheimnissen des Senats! — Warum ließ man den Proconsul in Sardinien, statt ihn abzulösen, wie es Pflicht war? Damit der römische Adler auch mich, den Quästor, in seinen Fängen festhielte! Warum eben m i c h? Ist kein zweiter Kopf im römischen Reich, des Quästors Bücher zu führen? (Die Bürger lachen.) Warum soll ich nicht hier auf dem Forum stehn, wie ihr, und die großen Staatsreden des Opimius hören?. (Neues Lachen.) Warum? Sagt mir Einer von euch, warum, — oder muß ich es sagen?

Volk (durcheinander).

Sag' es! — Sprich!

2*

Gracchus.

Wer bin ich, ihr Bürger? Was ist es, das mich dem Senat so wichtig, so bemerkbar, — laßt mich sagen: so **furcht-bar** macht? Sind es meine neunundzwanzig Jahre, ehrgeizlos in der Einsamkeit der Wissenschaften oder beim Lärm der Kriegs-trompeten hingebracht? (mit wachsender Empfindung) Ist es mein hinab-gegangener Vater, der edle Sempronius, der zweimal Consul, zweimal Triumphator, und sein Leben lang der Römer Stolz war? Ist's meine Mutter Cornelia, die ihr so oft um ihr Loos gepriesen habt, weiblich wie die edelste Frau, weise wie der tapferste Mann zu sein? Oder ist's meiner Mutter Vater, der große Scipio, der über Hannibal siegte? Oder meiner Schwester Gemahl, Scipio der Jüngere, der Carthago und Numantia, die beiden Schrecken Roms, vom Erdboden vertilgt hat? — Bürger! Die größten Ahnen sehen auf mich herab: wer kann mich drum hassen und verfolgen?

Lätorius.

Niemand! Niemand!

Opimius.

Was sprichst du von deinen Ahnen? Warum nennst du deinen Bruder Tiberius nicht, — den Empörer, den Frevler, den Verräther?

Gracchus.

Es ist wahr: ich vergaß meinen Bruder Tiberius, den Empörer, den Frevler, den Verräther! — Warum vergaß ich ihn auch? Weiß nicht doch Jeder, was für ein Frevler er war? Daß er den armen Bürgern ihre Aecker nahm, die ihnen der großherzige Senat verliehen hatte —.

Agricola.

Nein, nein!

Volk.

Umgekehrt war's!

Gracchus.

Und wer von euch wüßte nicht, daß mein Bruder Tiberius mit bewaffneter Hand den Senat überfiel und ihrer dreihundert erschlug?

Volk.

Nein, nein, nein!

Sätorius.

Sie erschlugen ihn!

Agricola.

Unsern Freund, den Tiberius, haben sie erschlagen!

Opimius (grimmig auffahrend).

Stille im Volk! — Ein Frevler war er, und man erschlug ihn mit Recht!

Gracchus.

Hört ihr's, Bürger: Lucius Opimius sagt's: man erschlug ihn mit Recht! Denn da er sah, daß alles Land, das dem römischen Staat, also uns allen gehörte, wider Recht und Gesetz in den Händen weniger Hunderte war; und daß die wilden Thiere, die in Italien hausen, ihre Gruben haben, aber die Hunderttausende tapferer Bürger, die für Italiens Freiheit fechten und sterben, nichts ihr eigen nannten, als Luft und Licht; und daß von dem größten Volk der Erde so viele Tausende ohne väterlichen Herd, ohne eine Grabstätte ihrer Vorfahren, unstet umherschweifend dahinlebten: so erhob er für euch seine gewaltige Stimme! So hauchte er den Muth in euer Herz, (mit einer Geberde gegen den Senat) von diesen lächelnden Thrannen euer Recht zu fordern! So gab er euch, den Kindern der Republik, euer Erbe zurück! — Dafür starb er; dafür starb er mit Recht!

Volk (in starker Bewegung).

Nein! nein! nein!

Sätorius.

Sie erschlugen uns unsern Befreier! Fluch über seine Mörder!

Opimius
(auffahrend, zum Senat gewandt).

Wie! Dulden wir, daß dieser zweite Gracchus uns das Volk empört —

Agricola.

Still! Gracchus redet!

Lätorius.

Nieder mit Jedem, der ihn unterbricht!

Volk (wild).

Gracchus, Gracchus soll reden!

Gracchus.

Euer Freund, Tiberius Gracchus, ist todt. Zu eurem
Tribun hattet ihr ihn gewählt; es giebt nichts Heiligeres auf der
Erde, als das Amt des Tribuns! Doch vor euren sehenden
Augen schlug man ihn todt. Das gab einen Festtag des Senats,
ihr römischen Bürger! (auf die Senatoren zeigend) Diese Männer
hier, die hundert Könige unseres Reichs, mit Knütteln bewaffnet
wie die berauschten Bauern im Apennin, — so stürmten sie dort
aufs Capitol hinauf, sich von dem großen Feind ihrer Tyrannei
zu befreien! Und fielen alle über den wehrlosen Mann — und vor
euren Augen, Bürger, vom ersten Knüttelschlag gegen die Schläfe
gefällt, am Tempel der Treue stürzte er in den Staub! Vor
euren Augen ward sein blutender Leib, wie des großen Hektor's
Leiche, durch die Straßen geschleift, vor euren Augen in die
Tiber versenkt! Vor euren Augen griff man seine Freunde,
Mann für Mann, und ohne Urtheil, ohne Gericht, wie Schlacht=
opfer unter des Metzgers Faust, fielen sie, dreihundert an der
Zahl, unter Knüttelstreichen — römisches Volk! vor deinen
sehenden Augen!

Volk
(in wilder Bewegung durcheinander).

Das war Mord, Mord! — Rache! — Wir wollen es
rächen! — Ja, wir wollen es rächen!

Opimius (vortretend).

Bürger, hört mich an —

Volk.

Wir wollen nichts hören!

Lätorius.

Zurück mit dir! Gajus Gracchus spricht!

Volk.

Rache, Rache für Tiberius Gracchus!

Gracchus.

Dreihundert Männer, schuldlos wie die Götter — voran euer geheiligter Tribun — fielen durch rechtlos viehische Gewalt, — und mit ihnen sank unsre Ehre hin! Es ging eine blutige Morgenröthe herauf! (In wachsender, wilder Leidenschaft.) Das Schwert der Gerechtigkeit zerbrachen sie, und drückten dem scheußlichen Dämon, dem Mord, den Dolch in die Hand! Die Pforte des Friedens schlugen sie donnernd zu, und öffneten das furchtbare, eherne Thor der Rache. Sie haben es aufgerissen, sie schließen es nun nicht mehr! Mord haben sie ausgesäet, Rache werden sie ernten!

Opimius.

Ihr hört's! Rache ist's, was er predigt!

Metellus.

Das ist zu viel — (Steht auf. Der ganze Senat erhebt sich.)

Volk.

Rache! Rache! Rache! Nieder mit dem Senat!

Pomponius (zu Gracchus herantretend, halblaut).

Gajus! Fassung, Fassung!

Lätorius.

Nieder mit dem Senat; es lebe Gracchus der zukünftige Tribun! Unser Tribun soll er sein!

Volk (durcheinander).

Ja, ja, ja! — Er hat Recht! — Gracchus der Volks= tribun! Gracchus der Volkstribun! — Er soll uns rächen, und wir wollen ihn wählen!

Gracchus.

Still! — Wie kann ich euer Tribun sein? Wißt ihr nicht mehr, daß ich verklagt bin, daß ihr mich richten sollt als Feind des Gesetzes?

Agricola.

Nieder mit den Klägern!

Carbo.

Der ist des Todes, der dich verklagt!

Lätorius.

Es lebe Gajus Gracchus, unser Volkstribun! (Sie jubeln ihm zu, werfen Hüte, Mützen, Tücher in die Höhe, dringen an die Rednerbühne heran, suchen Gracchus' Hände zu fassen. Die Senatoren brechen tumultuarisch auf, verlassen die Bühne.)

Metellus (noch auf der Tribüne, will beschwichtigen).

Opimius! — Gracchus! — Opimius!

Opimius
(tritt vor; indem er drohend die Hand gegen Gracchus hebt).

Gajus Gracchus, ich sage dir: du wirst den Weg wandeln, den dein Bruder ging! bei den ewigen Göttern! (Ab, den Senatoren nach.)

Gracchus (mit mächtiger Stimme).

Drohe, schwöre, weissage, krächzender Rabe! Ich bin meines Bruders Erbe, komme, was da komme! — Römer, unsere Rache sei, daß wir uns befreien: Rom und die Freiheit!

Volk.

Rom und die Freiheit!

Agricola.

Tragt ihn nach Hause!

Volk.

Gracchus unser Tribun! Gracchus unser Befreier!

Sie heben ihn auf ihre Schultern; unter wilder Bewegung und begeisterten Rufen

fällt der Vorhang.

Zweiter Aufzug.

—

Halle in Gracchus' Haus. Im Hintergrunde, in der Mitte, ein schmalerer Vorplatz, der zu der sichtbaren Hausthür führt und den ein zurückgeschlagener Vorhang (Teppich) von der Halle trennt. Rechts und links von diesem Vorhang die Statuen des Sempronius und des Tiberius Gracchus. An der Wand links der Hausaltar. Rechts, gegenüber, ein Eingang in die inneren Gemächer, durch einen Teppich geschlossen. Oben an der Decke eine Oeffnung, die das Licht hereinläßt.

Erster Auftritt.

Euporus (in einem rothen Gewand, steht am Hausaltar, legt Scheite zurecht. Klopfen an der Hausthür wie mit einem Hammer. Euporus geht nach hinten, öffnet); Metellus und seine Söhne Aulus und Rufus (treten ein). Später Opimius und Drusus.

Euporus (die Hände auf der Brust gekreuzt).

Ehrwürdiger Consul —

Metellus.

Ist Gracchus, dein Herr, daheim?

Euporus.

Daheim, doch nicht allein. Der Senator Opimius, und Livius Drusus —

Metellus.

Sind bei deinem Herrn? (Für sich.) Wundersame Zeiten! (Laut.) Geh an dein Geschäft; ich warte.

Euporus (unterwürfig).

Wie du befiehlst! (Geht in den Vorplatz, verschwindet.)

Metellus.

Aulus!

Aulus.

Mein Vater.

Metellus.

Sieh nicht mit diesem grämlichen Gesicht, mit diesem vornehmen Augenblinzeln umher! Du bist in eines Mannes Haus, dessen Ahnen königlicher lebten als die Deinen.

Aulus (verächtlich).

Er ist Volkstribun.

Metellus.

Volkstribun! — Ich wollte, du hättest Verstand genug, um es statt seiner zu sein! — Volkstribun! — Gajus Gracchus, der Volkstribun, ist der König von Rom. Seit seiner Heimkehr ist er ein zweiter Jupiter für das Volk! Sein unsichtbares Scepter schwingt er besser, als deine Mutter die Ruthe über dich geschwungen hat. Er braucht nur mit den Lippen zu blasen, so bläst er dich in aller deiner Herrlichkeit vom Erdboden weg; ich, der Consul, dein Vater, könnte dich nicht schützen.

Rufus.

Schmach genug!

Metellus.

„Schmach genug!" — Wer ist Schuld daran? Wir haben seinen Bruder Tiberius gegen das Gesetz getödtet: darum müssen wir nun den Gajus gegen unsre Laune leben lassen! Wir sind gegen Tiberius schlechte Feinde gewesen, darum müssen wir nun mit Gajus gute Freunde sein.

Opimius
(tritt mit Drusus rechts hinter dem Teppich hervor; finster).

Wie ich dir's sagte — — Sieh da! der Consul Metellus.

Metellus.

Seid gegrüßt.

Opimius.

In des Gracchus Haus! — Man sagt, die Auguren lachen, wenn sie einander begegnen: wenn zwei Senatoren sich in dieser Halle treffen, sollten sie weinen.

Metellus.

Ich hab's euch gesagt: er ist ein gewaltiger Mann! — Er hat die drei Dinge, die wir brauchen: Kopf, Zunge und Hand. Ihr habt gelacht über seine neunundzwanzig Jahre; aber ihr habt seine neunundzwanzig großen Eigenschaften vergessen.

Opimius (spöttisch).

Du wirst ihn noch adoptiren, zärtlicher Metellus!

Metellus (beißend).

Ich bin nicht neidisch, lieber Opimius! — — Was weiß man Neues von unserm Feldherrn, vom jüngeren Scipio? Kommt er aus Spanien heim, werden wir an ihm endlich gegen diesen Hector einen Achilles finden?

Drusus.

Eben um des Scipio willen kamen wir her. Er hat des Gracchus Schwester zur Frau, hielte gern Frieden mit ihm! (Arglistig lächelnd.) Und um dies scheinbar zu fördern, damit wir nicht den ganzen Scipio verlieren —

Metellus.

Verlieren wir Scipio Africanus, so ist Alles hin! (Zu Euporus, der von rechts, hinter dem Teppich hervor, wieder erschienen ist und zu Metellus reden will.) Dein Herr erwartet uns? (Euporus nickt.) Warum steht Opimius so finster da und läßt seine Augen in den Erdboden kriechen? (Drusus zuckt stumm die Achseln.) Wunderliche, böse Zeiten! Böse Zeiten! — Kommt! (Mit seinen Söhnen nach rechts hinein. Euporus verliert sich wieder nach hinten.)

Zweiter Auftritt.

Opimius, Drusus.

Opimius (in sich versunken, vor sich hin).

Es muß sein!

Drusus (der ihn lauernd beobachtet hat).

Was muß sein?

Opimius (erschreckt auffahrend).

Wer fragt das? — — Drusus. — Komm, laß uns gehn.

Drusus (scheinbar gelassen).

Gehn wir. — Es hat dich verletzt, Opimius, daß Gracchus so herablassend höflich, so griechisch fein gegen dich war.

Opimius.

Mich verletzt; warum? — (Mit plötzlich hervorbrechendem Grimm.) Ich in seinem Haus! — Ich ihm die Hand geschüttelt, ihn um Frieden gebeten!

Drusus (mit leisem Spott).

Was thut nicht ein edler Patricier für sein Vaterland? — Es hat dich verletzt, Opimius, daß der alte gute Metellus den Scipio so sehr lobte.

Opimius.

Wann hätte mich je verletzt, was Metellus spricht? — (Die Lippe beißend.) Doch es ist wunderbar, Drusus, wie überflüssig ich bin!

Drusus.

Hm! Der Welt Dank —!

Opimius.

Es gab eine Zeit, wo man den Kitt, der unsere alte Republik zusammenhielt, Opimius nannte! — Ich galt etwas in Rom. Jetzt fragen sie nur noch: wer wird oben bleiben, Gracchus oder Scipio? „Hector oder Achilles?" Wird Gracchus den Senat unter seine Füße treten, oder Scipio ihn retten? — Gracchus und Scipio! Zwischen diesen beiden Mühlsteinen zerquetscht man alle andern Römer wie Gerstenkörner!

Drusus.

Und wenn diese Beiden sich vereinigen, wenn sie Frieden machen —!

Opimius.

So werden wir ihnen die Pferde ausspannen, sie im Triumphwagen zum Kapitol hinaufziehn, und wenn sie uns mit der Geißel antreiben, vor viehischer Begeisterung jauchzen! — — Dieser Scipio! Er hat Carthago zerstört, — ich das große Fregellä. Mich nennen sie einen tüchtigen Feldherrn, ihn einen Gott.

Drusus (lauernd).

Und dieser Gracchus!

Opimius (wieder in sich verfinkend).

Dieser Gracchus! — Seines Bruders Erben hat er sich gerühmt: er soll den blutigen Kelch hinuntertrinken! (Ohne aufzublicken.) Drusus — diesen bleichen Menschen kann ich nicht mehr sehn! Er lächelt, wie sein Bruder lächelte — aber mit vulkanischem Feuer im Blick. Wie er an mir vorbeisah! (Nach einer Pause, vor Drusus hintretend.) Drusus! Soll man dieses Meteor steigen und wachsen lassen, bis es über dem Capitol zerplatzt und in seinen feurigen Sturz Rom mit hineinreißt?

Drusus.

Wie meinst du das?

Opimius.

Stelle dich nicht erbärmlicher, als du bist. Wie kann ein Römer das meinen?

Drusus.

Gewalt!

Opimius (den Kopf schüttelnd).

Er ist allmächtig. Ganz Italien kriecht in seine Togafalte hinein. Es gibt gegen ihn keine Gewalt.

Drusus (nach einer Pause).

Dolch!

Opimius (ohne darauf zu antworten).

Scipio kommt aus Spanien zurück. Eh dieser stolze, verzogene, vergötterte Scipio sich über unsere Köpfe hinweg mit dem großen Volkstribun verbrüdert, — könnte der große Volkstribun längst im Aschenkrug sein! — Es wäre ein Segen für Rom.

Drusus.

Ich weiß, Opimius, du hast etwas vor.

Opimius.

'S war eine gute Zeit, als wir den Tiberius Gracchus in die Tiber geworfen hatten und in Stadt und Land wieder

Ruhe war! — Aber gegen den Gajus wollen sie sich nicht wagen; er hat ihre Herzen, ihre Gehirne betäubt. Sie predigen uns Geduld! — Geduld! — Laß uns lieber zu der Arznei Eisen greifen: das bequeme Hausmittel „Geduld" zehrt mehr den Arzt als den Kranken auf.

Drusus (lauernd, leichthin).

Du wagst es nicht.

Opimius.

Ob ich es wage! — Wenn es gut ist für Rom!

Drusus.

Du wagst es nicht; — sonst wüßt' ich dir einen Mann.

Opimius.

Was für einen Mann?

Drusus (spottend).

Wie unschuldig der gute Opimius spricht! (Umhersehend.) Einen Mann, der hier im Haus jede Gelegenheit kennt; ein erfinderischer Kopf — und eine feste Hand. Kleon heißt er, war eines Sclaven Kind. (Opimius nickt.) Wir könnten uns um Rom verdient machen — wir beide.

Opimius (sieht sich plötzlich um, horcht auf).

Und da stehn wir in seiner Halle. — Komm; auf die Straße hinaus! — — Drusus — schnell oder nie! Meine Natur erträgt es nicht, Tage, Wochen an so 'nem Gewebe zu spinnen!

Drusus (lächelnd).

'S wär' auch nicht weise. — Gieb mir deine Hand; — willst du ein wenig mit mir an die Tiber gehn?

Opimius (tief erregt).

Soll es sein, sei es heut!

Drusus.

Ich sprach auch nicht von morgen. (Horchend.) Gehn wir; man kommt.

Opimius (hastig).

Hinaus!

Drusus.

Stille doch! Willst du in deinen Beinen zeigen, was dir im Herzen steckt? Willst du vor Gracchus davonlaufen? (Opimius steht stolz sich fassend da. Sie gehen, während von rechts Gracchus und Metellus hervortreten, langsam nach hinten. Drusus mit gespielter Ruhe.) Und um dir als ehrlicher Mann meine Meinung zu sagen, werther Opimius — (Sprechen leise weiter, gehn zur Hausthür. Euporus erscheint hinten, öffnet ihnen, macht hinter ihnen zu.)

Dritter Auftritt.

Gracchus, Metellus und dessen **Söhne, Euporus.**

Gracchus.

Geht dort nicht Opimius mit Drusus hinaus?

Metellus.

Ich sehe nicht mehr gut; — doch es war Drusus' Stimme. Leb wohl, Gracchus! Ich meine es gut mit dir, so wahr ich lebe. Diese Umsturz = Gesetze, die du jetzt als Herr des Volks gegen uns aus der Erde stampfst — du kannst sie durchsetzen und noch hundert dazu, — aber unsre Kinder werden's dir nicht danken.

Gracchus.

So werden sie sie ändern und sagen: damals waren sie gut!

Metellus.

Hm! — So leb denn wohl. (Für sich.) Einen Menschen in demselben Athemzug zu lieben und zu hassen! Ich hab' das niemals gekannt! — (Leise.) Steh nicht wie ein Marterpfahl, Aulus.

Aulus (kalt).

Ich empfehle mich deiner Freundlichkeit.

Gracchus (fein).

Ihr geht, doch die Ehre eures Besuches bleibt! Lebt wohl.

Metellus.

Gute Nacht, Tribun! (Mit seinen Söhnen nach hinten ab; Euporus läßt sie hinaus.)

Gracchus.

Guter, ehrlicher Consul -- und die Räder der Zeit gehn über dich hinweg! — — Euporus! (Euporus kommt nach vorn.) Es will Abend werden, wie ich sehe. Der Tag ist wieder verbraucht; — beim Jupiter, meine Tage sind wie Eiskörner, die in der Sonne zerthauen! (Einen Brief aus dem Busen ziehend.) Schick dies zum Pomponius. Er ist unwohl, und ich kann ihn heut nicht mehr besuchen; er muß zufrieden sein, daß ich an ihn schreibe. (Euporus nach hinten, winkt; gleich darauf geht ein andrer Sclave mit dem Brief hinaus. Euporus läßt den Teppich im Hintergrunde herunter, so daß die Halle sich schließt, und verschwindet. Gracchus vor sich hin starrend.) Treuer, weiser, philosophischer Pomponius! Er kann nicht ausgehen und schreibt mir einen Brief, drei Tafeln lang, mich vor dem „hundertköpfigen Drachen", dem römischen Volk, zu warnen! — Mein treuer Pomponius, — in deiner reinlichen, wohlgeordneten Brust hat nie ein Dämon gewohnt. (Der Statue zur Linken näher tretend, tief erregt.) Bruder Tiber! Der du der Abgott meiner Knabenseele warst — mein einzig Vorbild als Mann! So, so, wie du da stehst, du versteinerter Gedanke der Natur, so gingst du lebend umher, ein Wunder unter den Menschen. Dein großes Herz strahlte aus deinen Augen; deine göttlich gränzenlose Liebe für dein Rom — und für mich. Wie zwei Tauben vor der Venus Wagen, flatterten unsre Seelen an Einem Band; — — und noch, noch hab' ich deinen Mord nicht gerächt!

Vierter Auftritt.

Gracchus, Euporus, Lätorius.

Gracchus
(hört Klopfen an der Hausthür; unwillig auffahrend).

Läßt man mich nie allein? Wer will schon wieder zu mir? (Euporus erscheint hinten mit Lätorius, den Teppich zurückschlagend.) Wer bist du; was führt dich her?

Lätorius (tritt näher).

Bürger Volkstribun, sieh mich nicht mißtrauisch an. Ich bin Publius Lätorius, ein guter römischer Bürger.

Gracchus (für sich).

Die Augen dieses Menschen sagen nicht gut für ihn! (Laut)
Was ist dein Begehr?

Lätorius.

Dich zu warnen.

Gracchus.

Vor wem oder was? — Du weißt, ich kenne dich nicht.

Lätorius.

Um so besser ich dich, da ich dich bewundre und verehre!
— Ich bin nur ein Plebejer, doch ehrlicher Leute Sohn; wohne
am Aventin, — gehöre zu Denen, die den Senat hassen und
von dir die Freiheit erwarten. Und weil meine Freunde und ich
offene Augen haben und wachsame Ohren, so komme ich, Volks=
tribun, um dich zu warnen.

Gracchus.

Vor wem?

Lätorius.

Vor den Senatoren und den Meuchelmördern. Vor Opimius.
Er und Seinesgleichen wollen deinen Tod.

Gracchus (ungläubig).

Wer verrieth dir das, junger Mann?

Lätorius.

Einer von den Unsern, der eben am Tiberufer im Busch=
werk lag, hundert Schritte von hier: da hört' er Opimius und
noch Einen von der Sache reden, ohne daß sie ihn sahn.

Gracchus.

Einer von den Euren? Wer seid ihr?

Lätorius.

Volkstribun, — vergönne, daß ich zwei Worte von mir
selber rede: um so besser wirst du verstehen, wer wir sind! —
Ich war ein unwürdiger Mensch, hatte meine Jahre verloren,
in schlechten Gedanken, mit wüsten Gesellen die Jugendkräfte ver=
than. Da hört' ich — vier Jahre sind es nun her — da hört'

ich dich auf dem Forum, wie du den Vettius gegen seine
falschen Ankläger vom Senat vertheidigtest! Wie du donnertest,
wie die Begeisterung, der Tyrannenhaß, die Freiheitsliebe wie
Blitze von dir ausfuhren! — Bürger Gracchus, seit dem Tag
ward ich ein anderer Mensch. Ich gab die gemeinen Gesellen
auf, ging in den Tempel des „rächenden Mars“, that mein
heiliges Gelübde, dir nachzueifern, für die Vernichtung unsrer
Tyrannen, für die Freiheit zu leben. Und dafür leb' ich seitdem!
Du bist Schuld daran: du hast aus dem Knaben einen Mann,
aus dem Würfelspieler einen Bürger gemacht.

Gracchus
(ihn mit wachsendem Antheil betrachtend, für sich).

Wie ich jetzt das Feuer in diesen Augen verstehe! (Zu Eupo=
rus, laut.) Geh; laß uns allein. (Euporus verschwindet.)

Lätorius.

Der allweise Senat schickte dich zum Heer, Bürger Gracchus,
um dich nicht in der Liebe der Römer wachsen zu lassen; —
doch die erste Saat hattest du gesäet! Wir thaten uns zu=
sammen, Alles was jung, heiß und ohne Furcht war, — er=
innerten uns, wie unsere Väter sich verschworen hatten, und
Nachts auf dem Aventin, vor dem Tempel der Diana, beschwuren
wir unsern Bund: Freiheit und Rache! (Bewegung von Gracchus.)
Wir hofften auf die Zukunft und auf dich! Du bist gekommen!
Die römische Jugend hat sich nicht in ihrem Führer getäuscht.
Wie olympisches Feuer bist du unter deine Feinde gefahren!
Seit du an jenem Morgen mitten unter sie tratest, ihre An=
klage niederschlugst, statt des Kerkers dir das Tribunat erkämpftest,
— seitdem sind wir dein, Gracchus, auf Leben und Tod. Bei
den unterirdischen Göttern haben wir unsern Eid geleistet, Alles
für dich zu thun — auch die blutigste That, die du im Namen
der Freiheit von uns forderst.

Gracchus.

Auch die blutigste That! — Mensch, wer bist du, daß dir
so ein Wort so leicht über die Lippen fließt?

Lätorius.

Darf der blutscheu sein, der Tyrannen bekämpfen und die
Freiheit begründen will? Denkst du, es kann enden ohne Blut?

— Bürger Volkstribun, wer waren denn die Männer, die deinen Bruder erschlugen? Du stehst ihnen zu hoch, daß sie dich Aug' in Auge fassen können: so werden sie dir meuchlerisch in die Ferse stechen! (Klopfen an der Hausthür.)

Gracchus.

Wunsch ist noch nicht That.

Lätorius.

Ich sagte dirs: sie bedrohen dich! Opimius — (Euporus erscheint wieder hinten am Teppich.)

Gracchus.

Was willst du?

Euporus (aufgeregt).

O Herr! Man ruft mich auf die Straße hinaus: mein Bruder, rufen sie, sei von einem Gerüst gestürzt. Herr, darf ich gehn —?

Gracchus.

Geh; eile! — Todt? In Gefahr?

Euporus.

Nicht todt, Herr; doch verwundet, sagen sie, liegt er da. Zwei, drei Straßen von hier —

Gracchus.

Geh! (Euporus ab.) Ich kann nicht fort; — es ist ein wackerer, treuer Mann; willst du ihm helfen, Freund?

Lätorius.

Ich? Gebiete mir, was du willst: Alles, was Menschen möglich ist, das thu' ich für dich! — Gracchus, du bist unser Held, unsre Hoffnung: sei auf deiner Hut! Willst du, daß wir dich schützen, daß wir deine Feinde in ihrem Blut ersticken sollen, — ruf' uns auf, und wir kommen.

Gracchus (giebt ihm die Hand).

Ich danke dir, tapfrer Freund! Nein, laß mich einstweilen denken, ich sei in der Götter Schutz! — Geh!

3*

Lätorius.

Ich eile! — Sei auf deiner Hut, rette dich für Rom!
(Nach hinten ab. Der Teppich schließt sich wieder hinter ihm.)

Fünfter Auftritt.

Gracchus allein; dann **Kleon.** (Es dunkelt.)

Gracchus.

„Sei auf deiner Hut!" — Geht der Mord wieder um?
Wollen die Mörder des Tiber mir selber das Schwert in die
Hand drücken, schreien sie selber nach Blut? — (In die Luft
starrend.) Mir ist, als säh' ich diesen Lätorius noch, mit den
glühenden Augen; — und doch ist er fort. Er stand vor mir
da wie mein eigenes Bild: wie der Jüngling Gajus Gracchus
nach seines Bruders Tod! Da er auch die unterirdischen Götter
angerufen und Eide geschworen hatte, blutig wie der Mord,
grauenvoll wie die Rache — — (wie die Gedanken von sich abschüttelnd)
Hinweg! Es tödtet die Vernunft, solcher Tage zu denken. (Er steht
rechts in der Nähe des Vorhangs; ruft.) Syrus! Syrus! (Ein Sclave erscheint rechts.) Wenn Du die Abschrift des neuen Gesetzentwurfs voll-
endet hast, bring sie mir herein. Doch bring eine Lampe mit:
denn hier im Atrium wird es Nacht. (Der Sclave ab. Gracchus steht
in Gedanken da. Kleon erscheint hinten, den Teppich vorsichtig lüftend, in dem gleichen
rothen Gewand wie Euporus und in gleichem Haar.)

Kleon (für sich).

Er sah mich nicht an, der alte Thürhüter, der Seleukus;
er hielt mich für Euporus! — Alles still; der Tribun allein.
(Zieht einen Dolch hervor.) Meine Hand ist nicht ruhig; — hab' noch
nie so einen großen Mann vor der Klinge gehabt. Vorwärts,
feiger Hund! (Er will nach vorn; Gracchus rührt sich. Kleon erschrickt und tritt
hastig hinter die Statue des Tiberius.)

Gracchus (sich der Statue seines Vaters nähernd).

Mein Vater Sempronius! Dein stolzester Gedanke war's,
ein guter Bürger zu sein! (Kleon tritt wieder vor, will von hinten
an Gracchus heran, die rechte Hand in der Brust.) Doch deine Nächte waren
ruhig: nie hat der bleiche Schatten eines geliebten Bruders
dich zur Rache gerufen. Nie haben dich in der Finsterniß
Mordgeister umstanden und dir den Dolch in die Hand gedrückt!

Kleon (verstört, für sich).

Wovon spricht er? Von mir? (Bleibt stehn.)

Gracchus.

Blut fordert Blut! Bruder Tiberius, unser Tag wird kommen — (Wendet sich zur Statue des Tiber; plötzlich zurückfahrend.) Wer steht dort?

Kleon (verwirrt, mit dumpfer Stimme).

Herr —!

Gracchus.

Du bist es, Euporus? Warum stehst du und horchst?

Kleon
(zieht einen Brief aus dem Busen, hält ihn Gracchus hin).

Hier —

Gracchus.

Ein Brief für mich? — — Heiliger Jupiter, das ist nicht Euporus! — Mensch, wer bist du?

Kleon
(den Dolch ziehend, auf Gracchus zu).

Gleichviel, wer ich bin!

Gracchus.

Wehrlos! (Weicht aus; plötzlich laut, drohend.) Halt! Siehst du nicht, Mörder, wie dort mein Bruder Tiber die Hand gegen dich hebt?

Kleon (wendet sich erschrocken um).

Wo —? (Gracchus springt auf ihn zu, will ihm den Dolch entreißen, der Dolch fällt zur Erde.) Ha, war das die Meinung? (Rafft den Dolch wieder auf, macht sich von Gracchus los.) Noch bist du mein!

Sklavin
(erscheint rechts in der Thür; schreit auf).

Mörder! Mörder! — Herbei! (Zwei Sclaven drängen sich ihr nach, der eine mit Schreibtafeln, der andere eine Fackel in der Hand. Lätorius reißt hinten den Teppich zurück; man sieht durch die offene Hausthür auf die Straß· hinaus, wo sich eine Menschenmenge mit Fackeln und Schwertern drängt; verworrenes Getöse.)

Sechster Auftritt.

Die Vorigen, **Lätorius**, dann **Euporus**; Sclaven und **Volk**; später **Licinnia**.
(Die Sclavin eilt wieder zurück.)

Lätorius
(haſtig, mit nacktem Dolch).

Wo iſt der Meuchler? (Stürzt auf Kleon zu, der ſich eben auf
Gracchus wirſt, und verwundet ihn.) Gedungener Mörder — Bandit!

Kleon.

Daß dich! — Gracchus ſteht, ich falle! (Sinkt zu Boden; der
Dolch entfällt ihm. Andere Sclaven eilen mit Fackeln herbei.)

Volk (auf der Straße).

Mord! Mord! — Was iſt mit Gracchus geſchehn?

Lätorius (hinausrufend).

Es lebe unſer Tribun! Der Mörder liegt, Gracchus lebt!

Gracchus
(tritt weiter vor, Allen ſichtbar).

Ja beim Mars, er lebt: dieſer Mann von Stein, und
dieſer von Fleiſch und Blut haben ihn gerettet! — Lätorius!
wunderſamer Menſch, was führte dich her?

Lätorius.

Unſer Argwohn, unſre Kundſchaft, — und unſre Liebe zu
dir! Sieh hin, Bürger, Tribun: da draußen ſtehn meine Freunde,
die Aventiner, Feuer im Blut, feſte Hände und Herzen, — alle
gekommen, für ihren Tribun zu leben oder zu ſterben.

Volk
(draußen, zum Theil ſich ins Haus hereindrängend).

Nieder mit den Mördern! Wir ſchützen unſern Tribun!

Euporus (ſchreit hinter der Scene).

Platz! Platz!

Volk (Einzelne).

Laßt ihn durch!

Euporus (ſtürzt von hinten herein).

Hier wird gemordet, ſagen ſie — Es war erlogen, mein
Bruder iſt n i c h t geſtürzt — (Erblickt Kleon am Boden, fährt zurück.)

Gracchus (sieht finster auf Kleon herab).

Wer ist dieser blutige, blutlechzende Mensch?

Lätorius
(nimmt einem Sclaven die Fackel aus der Hand, leuchtet über Kleon).

Das ist Kleon der Bandit! Kleon der Bandit!

Gracchus.

Wer schickte dich zu mir, elender Mensch?

Kleon (ächzend).

Pfui — verspielt, verspielt! Ich wollte, Bleichgesicht von einem Aventiner, du hättest besser getroffen — so wär's auf einmal vorbei. Gieb dir um „Kleon den Banditen" keine Mühe, Tribun: nicht einen Buchstaben werd' ich dir bekennen.

Volk.

Auf die Folter mit ihm!

Kleon.

Krächzt, ihr Aaskrähen! — Wenn ich ein Wort bekenne, so ermorden mir die Andern Weib und Kind: das ist geschworen. Besser, ich verrecke allein! (Hebt seinen Dolch auf, der neben ihm liegt, stößt ihn sich in die Brust.)

Lätorius

Halt!

Kleon.

Laß mich sterben, du Hund! — Es werden sich Andre finden, Gracchus, die dich besser treffen — Andre finden. (Stirbt.)

Licinnia (tritt hastig ein; schaudernd).

O ihr heiligen Götter! — — Gajus, Gajus, du lebst!

Gracchus.

Still; — laß mich! — So wahr ich noch lebe, sie haben mir nicht umsonst diesen Todten geschickt! Dieser stumme Mund soll wie Posaunen reden und alle Schläfer im Volk aus ihrem Friedenstraum wecken!

Lätorius.

Volkstribun —

Gracchus (Lätorius' Hand ergreifend).

Lätorius, mein Erretter! Von dieser Stund' an mein Freund: die allwissenden Götter haben dich mir geschickt! Sieh diesen Todten an; — Bürger, Freunde, seht her! Weil mich das römische Volk zu seinem Tribun gewählt, weil ich der Bruder des Tiberius bin, weil ihr mich liebt, darum verlangen die Fürsten von Rom meinen Tod!

Volk.

Nieder mit ihnen! — Wir schützen unsern Tribun!

Lätorius.

Wir bewachen dich; wir besetzen die Straße, bis der Morgen graut. Doch diesen Todten da —

Gracchus.

Diesen Todten da, der für Andre starb, (mit wildem Feuer) nehmt ihn auf, tragt ihn auf's Forum, vor die Thür des Senats! Sagt's allen Römern, daß der Mord umhergeht — doch daß ihn Gracchus nicht fürchtet, daß er mit der Ruhe eines Römers den Tag der Rache erwartet! Sagt's allen Bürgern: im Angesicht dieses Mörders, bei diesem todten, steinernen Tiberius, der den Mörder geschreckt, — bei diesem noch unversöhnten, un= gerächten Bruder habt ihr mich schwören sehn, daß ich euer Freund sein will bis in den Tod; daß ich nicht ruhen will, noch Frieden haben, bis ich, jedem Mörder, jedem Todten, jedem Lebend'gen zum Trotz, Rom die Freiheit gewinne!

Volk (in wilder Begeisterung).

Rom, Gracchus und die Freiheit! — Tragt die Leiche hinaus!

Lätorius.

Tragt die Leiche hinaus! Wer nicht zurückbleibt, den Tribun zu bewachen, ziehe mit diesem Todten durch die Straßen! — Wir schützen dich, wir tödten für dich, wir sterben für dich; Gracchus, gute Nacht!

Gracchus.

Gute Nacht; — dieses Haus, mein Freund, steht dir offen, wie dieses Herz; komm morgen wieder zu mir! — Aventiner, Römer, gute Nacht!

Volk.

Gute Nacht! — Hinaus! Lärmt, lärmt durch die Straßen!
(Sie heben die Leiche auf, tragen sie hinaus, Lätorius voran. Eine Weile hört man
noch verworrenes Getöse.)

Siebenter Auftritt.

Gracchus, Sclaven, Licinnia (hat sich auf den Sockel der Bildsäule des Tiberius
gesetzt und starrt mit schmerzlichem Ausdruck vor sich hin); später Cornelia.

Gracchus (ohne Licinnia zu sehen).

Der Feuerstrom fließt dahin! Fließt durch die Nacht.
Nun, so mag er fließen, schwellen und alle Dämme zerreißen!

Licinnia.

Und unsre Herzen dazu — und dann Frieden im Grab!

Gracchus (betroffen).

Wer spricht da? — Licinnia? Du noch hier? (Winkt den
Sclaven, zu gehn.) Schließt die Thür! (Sie verschwinden nach hinten, lassen
den Teppich nieder. Nur ein Paar Fackeln brennen, an der Wand befestigt, neben
dem Altar.) Was giebts; was willst du?

Licinnia.

O Gajus, Gajus! (Steht auf.)

Gracchus.

Warum rufst du mich so kläglich an? (Sucht zu lächeln.)
Liebes, thörichtes Weib! Statt den Göttern zu danken, daß ich
so unverletzt und aufrecht vor dir stehe, daß mich diese scharfen,
langen Dolche nicht trafen? — Geh, laß im Speisezimmer die
Tafel rüsten: ich esse heute mit dir und der Mutter zu Nacht.

Licinnia.

Mit diesem sanften Lächeln — indeß deine Augen glühn
— schickst du mich hinaus; jetzt, in dieser Stunde! da es mich
schaudernd und bangend dir ans Herz zieht —

Gracchus (nimmt ihre Hände).

Ich verstehe dich nicht: wovor schauderst du? Soll meine
Mutter dich schelten, du verzagtes Herz — — Meine Mutter
— wo bleibt sie? Hat der blutige Spuk dieser Nacht sie nicht
hergeschreckt —

Licinnia.

Drüben bei deiner Schwester ist sie, in des Scipio Haus. Euporus wird sie rufen — — O Gajus! Mein Gemahl! Schick mich nicht hinaus. Laß mich deine Hände halten, dir in die starren Feueraugen sehen — die Gedanken errathen, die in den tiefen Runzeln deiner Stirn wie Nachtvögel brüten. (Mit tiefem Schmerz.) Du lebst, du lebst — und doch ist mir, als müßt' ich dich beweinen! Gracchus der große Volkstribun steht vor mir da: Gajus der Gemahl ist mir gestorben!

Gracchus (mühsam).

Was willst du; wie meinst du das? (Sie bricht plötzlich in Thränen aus, schluchzt und bedeckt ihr Gesicht.) Licinnia! Du weinst?

Licinnia.

Ich sehe dich an — und es faßt mich so! Es ist heute der Tag — doch du denkst nicht dran — unser Hochzeitstag! Da ich über deine Schwelle trat — — O Gajus! du liebst nicht mehr dein Weib — du liebst deinen Haß und deine Rache!

Gracchus (erschüttert).

Licinnia! Bei allen Göttern, was sprichst du!

Licinnia
(sieht mit aufgeregten Augen umher und auf die Statuen hin).

An jenem Hochzeitstag — damals, damals begann es!

Gracchus.

Was begann? — Du bist außer dir! Hebe nicht so die Hände, Licinnia! Was begann?

Licinnia.

O du, den ich anbetete wie einen Gott — als der goldene Abendstern heraufging und die Mädchen dich hereinriefen zu deiner lächelnden, weinenden Braut — und ich bei Fackeltanz und Flöten= spiel im Festzug wie trunken neben dir dahinging! Und endlich stand ich hier in deiner Halle, mit dir allein. Und du nahmst mich bei der Hand und sagtest: Das, Licinnia, sind meine Todten: (auf die Statuen deutend) das mein Vater, der edle Sempronius, — und das mein Bruder Tiber! — Und wie du das sagtest, zuckten

dir die Lippen. Ich sah es — und küßte dich. Doch du
seufzteſt tief, führteſt mich weiter in das Brautgemach; verſtohlen
bebte deine ganze Geſtalt. Und wie ich dich nun im Schein
der Lampe daſtehen ſah: bleich und ſtill wie ein Geiſt, augenlos
in das Leere ſtarrend, geheime Worte auf den Lippen, die ich
nicht verſtand — Damals, damals begann es!

Cornelia
(iſt haſtig von rechts eingetreten, ſieht die Beiden und bleibt neben dem Teppich ſtehn).

Gracchus (ſtarrt vor ſich hin).

Es war meines Bruders Geiſt, der vor mir ſtand! Er
blickte mich an, und mir ſchien's, als ſage ſein drohendes Geſicht: Warum feierſt du Feſte, Gajus? Dein Leben iſt mein,
dein Geſchäft iſt Rache!

Licinnia (auf Tiberius' Statue deutend).

Dir ſtand ſein Bild noch in den Augen; dich verſtörte die
Nacht. (Wirft ſich plötzlich vor ihm hin.) Gajus! Tödte mich nicht!
Sei ein Menſch wie wir — und entſage der Rache!

Gracchus.

Steh auf, ſteh auf! Wie, iſt das dein Platz? (Will ſie, voll
Bewegung, in die Höhe ziehn; ſie wehrt es ab.) Licinnia! Wenn meine ſtolze
Mutter ſähe, daß ein Weib vor einem Manne kniet!

Cornelia
(tritt vor; Gracchus ſtebt überraſcht. Mit düſterer Ruhe).

Du irrſt. Und müßt' es ſein, deine eigene ſtolze Mutter
wollte ſich hier in den Staub werfen und rufen: Kind, Kind,
halt ein! Was für ein Dämon iſt in dich gefahren?

Gracchus.

Was für ein Dämon? Ich verſtehe dich nicht —

Cornelia.

„Rache für Tiberius Gracchus!" ruft es auf den Straßen.
„Seinen Bruder Gajus wollten ſie ermorden, ſeht hier die Leiche
des Mörders; — ſein Bruder Gajus wird dafür den ganzen
Senat vernichten mit Feuer und Schwert! Rache hat er ge-
ſchworen; hört's, ihr römiſchen Bürger!" Und die blutige Leiche

tragen sie umher, schwenken ihre Fackeln, ziehn wie Furien, die sich in Männer verkleidet, mit einem feierlich eintönigen Eulengesang die heilige Straße hinab. Ich stand vor Scipio's Thür — sah ihnen nach. Gajus! Gajus! Starre nicht so vor dich hin. Das ist dein Werk! Dieser Mörder kam dir zur rechten Stunde: wie eine Brandfackel wirfst du ihn wieder auf die Straße hinaus! Nicht Frieden und Freiheit zu bringen, zogst du von Sardinien heim; ich seh's, wie es enden soll: mit Blut, Frevel und Schande!

Gracchus (auffahrend).

Mit Schande — wer sagt das? Wer darf mir das sagen — (sich fassend) wer, als meine Mutter? — Wie es enden wird, wissen die Götter allein. Blut ist geflossen bei meines Bruders Tod, Blut kann wieder fließen; doch müßt' ich auch untergehn, würd' ich o h n e S c h a n d e fallen, wie mein Bruder Tiber!

Licinnia (seine Hand ergreifend).

Fallen! Untergehn! — Nein, nein, lebe für uns und entsage der Rache!

Gracchus.

O ihr — —. Still! Leben, athmen, ohne daß seine Mörder büßen, ohne daß ich sie richte! Was bin ich, wenn ich Tiberius nicht rächen kann? Ein Nichts, nicht werth, daß ich mich ankleide oder schlafen lege; eine Schmetterlingslarve, die in ihrem Sarg vom Fraß ihrer Raupentage träumt; — ein Geschöpf, zu zwecklos, um's auch nur zu verachten! (Tritt in wachsender Erregung auf Tiberius' Statue zu.) Nein, nein, nein, Tiberius — ich zögere nicht! Ein Todtenopfer will ich dir anzünden, wie nicht Achilles für Patroklus gethan! Mit aller ihrer Macht in den Staub gedrückt, sollen sie dem Blutgericht verfallen, oder die Furien mögen mich über die Erde verfolgen!

Cornelia.

Götter, hört ihn nicht an! Ich, seine Mutter, ich, ich widerruf' es!

Gracchus.

Du bist Tiberius' Mutter und wehrst mir, ihn zu rächen?

Cornelia.

O Kind, Kind! ich bin nicht in einer menschenlosen Wüste allein. Unsern alten, heiligen Staat mußt du vernichten, den furchtbaren Bodensatz des Volks emporwühlen, den Aufruhr los=lassen wie ein wildes Thier, wenn meines Sohns Tiberius Tod gesühnt werden soll. Bin ich nur seine Mutter — bin ich nicht die Tochter dieser Stadt? Tage und Nächte hab' ich um ihn geweint wie ein Kind: lieber will ich um ihn weinen bis an meinen Tod, als auf den Trümmern Roms über die Ver=geltung seines Untergangs jauchzen.

Gracchus (verwirrt).

Mutter, — was sprichst du da? Du, die du ihn liebtest — die du dein Haupt über allen Römerinnen in den Wolken trugst —

Cornelia.

Damals — o Zeus! Als dein Bruder Tribun ward und das Volk ihn liebte, da wußt' ich noch nicht, was Zittern und Bangen sei: nur mein unsäglicher, unerschöpflicher Mutter=stolz schwellte mir das Herz! (In wachsendem Schmerz.) O, ich war eitel, eitel wie Niobe! Ich jauchzte ihm zu, segnete ihn, betete ihn heimlich an wie einen Halbgott, den ich den Römern ge=boren — dachte nie, wie es enden könnte! (Vor sich hinstarrend.) Sein Tag kam; er starb. — Gajus! mein Sohn! Du, mein Letzter, mein — Höchster, sollst mir nicht untergehn wie er! Lebe für uns und entsage der Rache!

Gracchus (mit seiner Erschütterung kämpfend).

Was will ich denn? Ich will Rom befreien und Tiberius rächen!

Cornelia.

Kann das mit Freiheit enden, was mit Rache beginnt? (Er verwirrt sich, schweigt.) Gajus! Soll unser Haus zum Fluch werden in Rom? Sollen die Steine sich vor mir aufrichten, wenn ich durch die Straßen schreite, und mir entgegenschreien: du, du hast uns die falschen Befreier, die echten Verderber geboren? — Gedulde Dich wenigstens, bis ich's nicht mehr fühle! Wenn ich im Grabe bin, thu was du willst: gieße das Todtenopfer über mir aus, ruf' irgend einen Dämon als Vater und Mutter an, und dann hebe die Fackel, Rom in Flammen zu setzen! Doch so lang' ich noch athmen und weinen kann, schone mein graues Haupt. Alle meine Söhne liegen unter der Erde; soll der letzte mich durch sein Leben elender machen, als sie allesammt durch ihren Tod?

Gracchus.

Mutter! Mutter! Was willst du? Was soll ich thun?

Cornelia.

Was du thun sollst? Der Wohlthäter Roms, nicht sein Verderber sein; heilen, nicht rächen. Es sind auch edle Männer unter deinen Feinden: Metellus, Scipio — die Ersten und die Besten im Senat — wenn sie sehen, daß du für Rom lebst und nicht für dich selbst, werden sie dich segnen, deine Freunde werden. Der Gemahl deiner Schwester, dein Feldherr von ehedem, der Mann, den du verehrt hast von Jugend auf, Scipio Africanus kommt aus Spanien zurück; — kommt, weil meine heimlichen Briefe ihn beschworen. (Er blickt sie befremdet an.) Deiner Mutter Briefe; ja, du hörst; ich bekenn' es. Er wird kommen, Gajus; und findet er dich gut, groß und edel gesinnt, so bezwingt er sich, reicht dir die Hand zum Frieden, und ihr Beide steht da als die Säulen Roms. Gajus, mein einziger — (sich in Rührung und Scham zur Seite wendend) mein vergötterter Sohn — bezwinge du dich auch! Verewige nicht den Bürgerkrieg, der mit Tiber begann: sei größer als Dein Haß, gieb uns Frieden! Du hast zwei Mütter, denen Du's schuldig bist: Rom und ich, wir haben dich geboren!

Gracchus (zerschmolzen).

O Mutter — o Weib! — — Ja, beim Zeus, ihr habt Recht: es ist etwas krank in mir. Mein Blut läuft zu rasch; in diesem blasenwerfenden Hirn Tag und Nacht keine Ruhe. Wär' ich ruhiger, würd' ich auch sanfter sein! (In plötzlicher heftiger Bewegung.) Mutter — ich kann nicht knien, aber hier nimm meine Hand! Dein letzter Sohn soll dir nicht ins Herz stoßen; ich will — wie sagtest du — ich will „heilen, nicht rächen"; will größer sein als mein Haß (die Hand am Herzen) und diesen Abgrund verschließen!

Cornelia.

O mein Sohn!

Gracchus.

Laß Scipio kommen; ich will weise sein, es soll gut wer=
den, soll Frieden werden in Rom. Ich gelob' es euch. Eines
Tages sollen sie sagen: Gajus Gracchus hat uns (auf Tiber's
Statue blickend) sein Herz zum Opfer gebracht, und sein Opfer ward
von den Göttern gesegnet! — Das sei meine Rache!

Cornelia (gerührt).

Gajus! ich segne dich!

Licinnia (in Seligkeit).

Mein Gajus Gracchus! (Wirft sich vor ihm hin, drückt seine Hand
an ihr Antlitz.) Das ist mein Hochzeitstag!

(Der Vorhang fällt.)

Dritter Aufzug.

Auf dem Forum, wie im ersten Act. Rechts im Vordergrunde ein einzelner Sessel für Gracchus, den Tribun.

Erster Auftritt.

Euporus allein, dann **Carbo, Agricola** und andere **Bürger.**

Euporus
(steht hinten, sieht hinaus, die Hand vor den Augen).

Ei so blende du —! — Ich halt's nicht aus, in die Sonne hineinzusehn; doch so viel blinzl' ich mir heraus, daß sie schwerlich noch zwei Stunden so blitzen wird, eh sie sich verkriecht. (Zu zwei Bürgern, die von rechts kommen.) Könnt ihr mir genau sagen, wie viel's an der Zeit ist?

Carbo
(ein zusammengeknüpftes Tuch mit Früchten in der Hand).

Ungefähr so viel, um zur Versammlung zu gehn; auf die große Wasseruhr hab' ich nicht Acht gegeben.

Euporus.

So sollt' ich nach Haus! — Warum so spät am Tage noch Versammlung? Das war doch sonst nicht der Brauch.

Agricola (kommt mit einem Haufen).

Warum die Versammlung ist? — Leute, es giebt jetzt alle Tage was Neues! Gestern hätten uns die Hunde um ein Haar unsern Tribun erstochen: heut kommt der große Scipio Africanus nach Rom.

Carbo.

Kommt er wirklich?

Agricola.

Ift heute Mittag gekommen; ich felbft hab' ihn gefehn. Auf
der Tiberftraße zog er daher, unter'm Aventin —

Carbo.

Und um des Scipio willen foll die Verfammlung fein?

Agricola.

Nun ja, fo fagten die Leute. Der Scipio fagte n i ch t s ,
fah uns alle nicht an, fondern ging gradaus in feinem Feld=
herrnfchritt, mit feinem gegoffenen erzfalten Geficht, wie ihr ihn
kennt. Doch fie behaupten ja alle, es foll Ausficht fein, daß er
und fein Schwager Gracchus gute Freunde werden! Die F r a u e n ,
wißt ihr — die Cornelia und fo weiter — die fpinnen fo was
zurecht.

Carbo (nachdenklich).

Es wär' nicht übel; es gäb' eine gute Zeit für's Hand=
werk, beim Mercur! Wenn unfer fcharfes Schwert und unfre
fcharfe Zunge aus Einem Ton pfiffen, da follte kein Andrer
mehr dazwifchen pfeifen — da gäb's Frieden und gute Gefchäfte
in Rom!

Agricola.

Das leiden die Wölfe nicht.

Carbo.

Was für Wölfe?

Agricola.

Die Senatoren, die gefräßigen großen Herren. Gieb Acht,
ob fie nicht mit ihren langen Dolchzähnen unfern Tribun noch
zerreißen! Hier fteht fein Sclav; der kann davon reden.

Carbo.

Ah was: fie kriegen ihn nicht, fie treffen ihn nicht! —
Aber, Kinder, das foll mir Einer erklären, daß man die Mörder
nicht packt! Die e i g e n t l i c h e n mein ich, die Anftifter. Jedes
Kind fagt, O p i m i u s hat's gethan; warum greift denn das
Gefetz dem Mordsverräther nicht an den Hals?

Agricola.

Warum? — Mann des Nachdenkens, das will ich dir
fagen! — Du haft zum Beifpiel auf dem Markt junge Feigen

gekauft, für dein Weib und die theuren Kleinen; hältst sie in ein Tuch geknüpft in der Hand, auf dem Rücken, und denkst an nichts. Da kommt nun einer und stiehlt dir die beste davon heraus; (nimmt eine Feige aus dem Tuch, ohne daß Carbo es merkt; die Andern lachen verstohlen) wie willst du den Dieb erwischen? He?

Carbo.

Nun, bei dem ich die Feige finde, den halt' ich fest!

Agricola.

Aber der Dieb frißt sie auf, bringt sie aus der Welt; (steckt, sich abwendend, die Feige in den Mund) wie willst du den Mords=verräther dann erwischen? He? (Die Bürger lachen.)

Carbo.

Aber beim Jupiter, worüber lacht ihr?

Euporus
(ihm spöttisch auf die Schulter klopfend).

Weiser Mann! Ich will heimgehn und beten, daß man dich bei der nächsten Wahl zum Volkstribun macht! — Guten Abend! (Geht nach links ab.)

Zweiter Auftritt.

Die Bürger; allmälig zuströmendes Volk.

Carbo (dem Euporus nachsehend; entrüstet).

Spricht Das auch mit? — So ein Halbmensch, so ein Ding, — nicht 'ne Feige werth!

Agricola.

Sei ruhig; er hat sie auch nicht aufgegessen! (Die Andern lachen. Lärm hinter der Scene, sich nähernd.)

Carbo.

Was ist da wieder los? Man meint immer, es brennt irgendwo; 's ist 'ne Zeit, wie wenn ganz Rom das Fieber hätte! — Was bringen sie da?

Agricola.

Was sie bringen? — Hast du denn gestern Nacht geschlafen, Murmelthier, als die Aventiner mit des Kleon Leiche durch die

Straßen zogen und auf dem Forum, auf dem Capitol ihre Reden
dazu donnern ließen? Ueber den Opimius haben sie Gericht
gehalten, als säßen sie im Senat; — und weil man ihm selber,
dem großen Hund, nicht an's Leben kann, haben sie so was zu=
sammengestopft, das ihn vorstellen soll, schleppen ihn auf allen
Plätzen herum, und wollen ihn am Abend in die Tiber werfen.

Carbo (lachend).

Er verdient's; nur zu! (Junge Bürger kommen von rechts, lärmend,
eine große Strohpuppe hereinschleppend, die wie ein römischer Senator bekleidet ist;
der ausgestreckte rechte Arm hält eine Tafel, auf der geschrieben steht: „Opimius der
Mörder und Verräther.")

Volk (liest).

Opimius, der Mörder und Verräther!

Agricola.

Stellt ihn auf die Tribüne! Stellt ihn auf die Tribüne!

Carbo (lacht).

Ja, laßt ihn reden! (Die jungen Bürger zerren die Figur zur Redner.
bühne hinauf, lehnen sie gegen die hölzerne Umfassung.)

Agricola.

Jetzt thu' deinen Mund auf, Meuchelmörder, und rede!

Volk (Einzelne).

Nieder mit Opimius! Schmeißt ihm die Messer in sein
Verrätherherz! (Die jungen Bursche ziehn ihre Dolche hervor, beginnen damit
nach der Figur zu werfen.)

Agricola.

Das ist gut, das ist gut; mit dem Dolch hat er's getrieben,
mit Dolchen wird er gerichtet! — — Verfehlt!

Carbo.

Getroffen!

Agricola.

Wieder verfehlt! — Gebt mir auch so ein Mordmesser;
ich werf' es dem Hund von einem Senator mitten ins Herz.

Carbo (erhitzt).

Wetten! — Einen halben Denar gegen deinen Wurf!

Agricola.

Gut; ich wette mit! (Nimmt einem Bürger den Dolch aus der Hand, wirft.)

Carbo.

Verfehlt! Das Geld ist mein.

Volk (tumultuarisch).

Werft! Werft! — Nieder mit dem Verräther!

Dritter Auftritt.

Die Vorigen, Scipio Africanus (von hinten, mit begleitenden Sclaven).

Scipio (kalt, streng).

Wer lärmt hier? Was giebts? (Die Menge fährt auseinander.)

Carbo (scheu, halblaut).

Scipio! Scipio Africanus.

Scipio (erblickt die Figur, liest die Schrift).

„Opimius der Mörder und Verräther!" (Zornig.) Wer er=
frecht sich zu so einem Bubenstück? Wer entwürdigt das Forum
von Rom durch diese Posse, — so gemein, daß sich kein Wort
finden läßt, sie zu benennen? — Antwort! Wer brachte diesen
Fetzen hierher? (Allgemeines Schweigen.)

Agricola.

Es ist nur, Feldherr, daß — da die jungen Bursche —

Scipio.

Was?

Agricola (verschüchtert).

Nichts.

Scipio.

„Nichts"! — Ist Rom so verwildert, während ich draußen
war? Ich ließ hier Männer zurück; sind' ich unerzogene Knaben
wieder? — Wer brachte dies Lumpenwerk hierher? (Schweigen. Zu
seinen Sclaven.) Werft die Fratze herunter! — Her zu mir! (Reißt
von der Figur die Tafel los und bricht sie entzwei.) Tragt dies alles aufs
Capitol; im Senat wird man davon reden. Fort! (Zwei der Scla=
ven mit der Figur nach hinten links ab.) Ich sehe, es war Zeit, wieder

heimzukommen! Faule Dünste haben sich zusammengerottet, die man ausräuchern muß. Hinweg mit euch, ihr entweiht diesen Platz! (Die Menge tritt weiter zurück; nur Agricola bleibt stehn.)

Agricola (zwischen Trotz und Verlegenheit).

Das ist Alles Eins; ich bin römischer Bürger und versammle mich hier: das ist mein Recht.

Scipio.

Du bist ein römischer Bürger und spielst in dieser Affenposse mit? — Geh in deine vier Wände, versammle dich zu deinen Kindern, und schäme dich. Hier ist nur der Platz für Männer! (Geht nach hinten ab; sein dritter Sclave folgt ihm.)

Vierter Auftritt.

Die Bürger, dann Opimius und Drusus.

Carbo (nach einer Pause).

Oho! Der Mann spricht nicht besonders höflich mit uns.

Agricola.

Standet ihr nicht auch alle wie Schulbuben da, hatte Einer den Muth, ihm zu widersprechen? Wenn mir noch Zwei oder Drei beigestanden hätten —

Carbo.

Ich denke immer, wenn der Scipio mich so ansieht: jetzt haut er zu! — Wo geht er hin? In den Tempel des Saturn?

Agricola.

Nein; dran vorbei.

Carbo.

Vor der kleinen Kapelle der Eintracht bleibt er stehn; zieht sich die Toga übers Gesicht und betet. Das ist mir auch eine schöne Eintracht: hier von Affen und faulen Dünsten zu schimpfen!

Agricola.

Draußen in Spanien und Afrika waren wir seine Soldaten, mußten uns verdonnern lassen: hier in Rom sind wir Bürger, hier donnern wir selbst! — Seht, da kommt der Rechte!

Carbo.

Wer?

Volk (aufgeregt).

Mörder! Mörder! — Mörder und Verräther!

Opimius
(tritt vorne links mit Drusus auf; mit verbissenem Zorn).

Hinweg, Gesindel! Hinweg!

Agricola.

Was sagt er?

Carbo.

Das, was Scipio noch vergessen hatte! Gesindel, sagt er.

Agricola.

Ist der Mann noch so frech? — Ich wünsch' dir glück=
liche Reise in die Unterwelt, Meuchelmörder!

Volk.

Mörder! Meuchelmörder!

Opimius.

Das ist mehr, als zu viel! (Fährt in den Busen seiner Toga, wie
um nach einer Waffe zu greifen.)

Agricola.

Nur zu: nur den Dolch heraus! Jeder kennt sein Handwerk.

Drusus
(halblaut, Opimius ganz nach vorn ziehend).

Ich bitte dich, Opimius, fasse dich, sei ein Mann! Gieb
nicht Acht auf diesen bellenden Pöbel, laß uns weitergehn.

Opimius.

Ich ertrag's nicht! Es sprengt mir die Rippen auseinander,
das anzuhören, und nicht mit Feuer und Eisen unter sie hinein!

Drusus.

Fasse dich; gieb ihnen dein Herz nicht preis. In den Tempel;
komm!

Opimius (blickt nach hinten).

Sie laffen von mir ab, — fuchen die Dolche auf. Man
foll nicht denken, daß ich vor ihnen fliehe! — (Die Lippe beißend.)
Drufus! feit geftern Nacht hab' ich fchlechte Zeit.

Drufus.

Gemeine Zufälle fpielen mit unfern Plänen, wie die Winde
mit unfern Wetterfahnen! — — Scipio ift nun da; rafcher,
als wir gedacht. Entzweien wir ihn nicht mit Gracchus auf
unheilbare Art, fo wachfen fie uns verbündet über den Kopf.
Drum, was ich dich fragen wollte: du haft Metellus beredet,
die Verfammlung noch auf heute zu berufen?

Opimius (nickt, höhnifch lächelnd).

Mein Vorwand leuchtete ihm ein, dem biedern Mann! —
Sieh, wie das Volk aus allen Gaffen heranzieht; bald wird
auch der würdige Conful auf dem Platze fein.

Drufus.

Das, fag ich, kann helfen! Laffen wir ihnen Zeit, fo ver=
föhnen, verbrüdern die Beiden fich von Haus zu Haus, und
unfer Reich ift zu Ende. Wir müffen fie gleich, wie gehörnte
Stiere, aufeinanderftoßen! Stelle fie hier, vor allem Volk,
Stirn gegen Stirn, fo brichts in ihren Feuerköpfen los, und
einer von den beiden Schädeln muß an dem andern zerfchellen!

Carbo (im Hintergrund).

Da kommt unfer Tribun; Gracchus, Gracchus foll leben!

Volk.

Gracchus foll leben!

Opimius (halblaut, wie oben, haftig).

Fort, Drufus; hinweg!

Drufus.

Zum Tempel alfo! (Beide nach hinten rechts ab; das Volk hat fich
nach links dem Gracchus entgegengedrängt.)

Fünfter Auftritt.

Die **Bürger**, **Gracchus**, deſſen **Amtsbote**, **Pomponius** und **Lätorius**; ſpäter **Euporus**.

Volk.

Gracchus, unſer Tribun — hoch!

Agricola.

Wir begrüßen dich, Vater des Volts! Vater unſrer Freiheit.

Gracchus
(kommt mit Pomponius und Lätorius, der Amtsbote des Tribuns vor ihm her).

Ich dank' euch, dank' euch! — Wer wäre dann die Mutter, guter Bürger?

Agricola.

Die Mutter? — Das iſt 'ne kitzlige Frage. (Auf Lätorius zeigend) Da ſteht die Mutter; die hat uns in den Wehen dieſer letzten Nacht die Freiheit geboren und den Vater gerettet.

Volk (mit Lachen).

Es lebe die Mutter!

Lätorius.

Ich dank' euch, Landsleute.

Gracchus
(mehr nach vorn tretend, zu Pomponius).

Sieh, wie er roth wird über das Lob! — — Lätorius, unſre Freundſchaft iſt noch jung, und doch iſt Pomponius ſchon eiferſüchtig. Er ſpricht ſchlecht von dir, und mir weiſſagt er aus Aerger das tragiſche Schickſal des Demoſthenes.

Lätorius.

Des Demoſthenes! — Ich wollte, ich könnte enden wie er, wenn ich wie er gelebt hätte! Als ſeine einzige Tochter ſieben Tage todt war, ſtarb der große Tyrann, der König Philipp von Macedonien. Da warf Demoſthenes ſein Trauer= kleid ab, ſetzte ſich einen Kranz auf's Haupt, und im weißen Feſtgewand ging er unter das Volk! Das war ein Tyrannen= feind —

Pomponius (eifernd).

Das war ein Mann, der statt des Herzens einen Eimer
voll Galle hatte! Geht mir mit euren Eisenfressern, euren
politischen Unmenschen! — Ich weiß nur Ein weises Wort von
Demosthenes. Als die guten Athener ihn aus Dankbarkeit
verbannt hatten, und er in Aegina nach der Heimath wimmerte,
(zu Lätorius gewandt) da sagte er zu einem jungen Freund, so jung
wie du: „Junger Mann! Hätten, als ich anfing, zwei Wege
vor mir gelegen, von denen der eine zur Rednerbühne und in
die Volksversammlung, der andere geraden Wegs zum Tode
führte — und hätt' ich all das Elend, das auf der Redner=
bühne wächst, vorher gekannt: ich hätte ohne Bedenken den Weg
zum Tode gewählt!" — Das sagte euer Demosthenes, als er
um zwanzig Jahre zu spät das Vergnügen hatte, zur Vernunft
zu kommen!

Gracchus (gedankenvoll lächelnd).

Seid ihr wieder im Streit! — Als ich ein Knabe war
und zum ersten Mal die großen Reden des Demosthenes las,
schienen sie meiner knospentreibenden Jugend zu kalt; nicht vul=
kanisch, nicht überschwänglich genug. Aber Eins bewunderte ich
an ihm vom ersten Tag: daß er so gewaltig h a s s e n konnte,
wie Andre lieben! Sein Haß gegen die macedonischen Tyrannen
war ihm heilig wie die Götter, er lebte und starb dafür; —
wer auf Erden kann mehr?

Pomponius.

Hm! (**Euporus** ist von links wieder aufgetreten, steht vor Gracchus, der
ihn nicht bemerkt.) Gracchus, — dein Sclave. .

Gracchus.

Was willst du?

Euporus.

Diesen Brief schickt dir die Herrin; du möchtest nicht ver=
säumen, ihn zu lesen.

Gracchus (lächelnd).

Ich will's nicht versäumen! (Oeffnet ihn; für sich) Gute Licinnia!
— „Sprich heute nicht auf dem Forum; rede nicht zum Volk;
ich bitte Dich. In dem Helm Deines Vaters, der in der Halle

steht, sind heute Schlangen gekrochen: ich fand sie selber darin. Das bedeutet Unheimliches; laß Dich warnen, Gajus!"

Pomponius.

Was schreibt dir Licinnia so Eiliges?

Gracchus (lächelnd).

Nichts für Philosophen! — Holdseliger Aberglaube, wie üppig gedeihst du in einem zärtlichen Herzen! (Liest für sich weiter) Auch ist Deine Schwester gekommen, hat erzählt, daß Scipio, ihr Gemahl, heftig strauchelte, als er wieder über die Schwelle trat; seine große Zehe hat geblutet. Nun ist sie unruhig, fürchtet für Dich und ihn. Komm nach Haus, sei ein wenig abergläubisch mir zu Liebe! Gajus, es ist der Todestag Deines Bruders Tiberius!" (Ernst) Der Todestag meines Bruders Tiber!

Pomponius
(der inzwischen mit Lätorius gesprochen).

Gracchus, du sahst Scipio noch nicht?

Gracchus.

Wen?

Pomponius.

Du bist zerstreut. Ob du Scipio, deinen Schwager, schon gesehn?

Gracchus.

Den Scipio? — Es ist seltsam: obwohl unsre Häuser sich ins Gesicht sehn, haben die Hausherren sich noch nicht erblickt! Den ganzen Nachmittag drängten sich Aedilen, Senatoren, Prätoren, als wär's auf Verabredung, zu mir herein, über tausend Nichtigkeiten zu verhandeln; gingen dann hinüber zum Scipio, begrüßten ihn, belagerten ihn, ließen ihn mit keinem Fuß über die Schwelle. Dann kam der Herold, rief die Versammlung aus! Warum konnten sie nicht bis morgen damit warten?

Pomponius.

Mir ist, als säh' ich hinter dem Vorhang dieses Räthsels das gute, freundliche, lauernde Gesicht des Opimius.

Gracchus.

Mögen sie spinnen, was sie wollen — gleichviel! Sie denken Scipio gegen mich zu hetzen; ich will ihnen Scipio aus den Händen reißen! — — Was willst du noch, Euporus?

Euporus.

Bring' ich der Herrin keine Antwort?

Gracchus (lächelnd).

Sag ihr, ich wolle heut so weise reden, daß sie selber mich drum segnen soll; — und vor Allem, gib ihr diesen Ring. Geh! (Euporus ab.)

Pomponius.

Was bedeutet der Ring?

Gracchus.

Lache über mich, Junggesell! Wenn ich auf dem Forum, oder in Geschäften draußen bin und schicke ihr diesen Ring, so sag' ich ihr damit, daß ich in dem Augenblick zärtlich an sie denke. — Sie hat so ein weiches Herz, Pomponius!

Pomponius.

Sie vergöttert dich!

Lictor (hinter der Scene).

Platz, Platz für den Consul!

Sechster Auftritt.

Die Vorigen (ohne Euporus), **Metellus**, **Lictoren**, **Scipio**, **Opimius**, **Drusus**, **Censoren**, **Senatoren** und **Volk** (füllen von hinten rechts hereinziehend die Bühne).

Gracchus
(dem Scipio entgegengehend, wie Dieser ihm).

Sieh da! Scipio, sei mir willkommen in Rom.

Scipio (nicht unfreundlich, doch ernst).

Sei mir gegrüßt. Ich gedachte dich aufzusuchen, doch man ließ mir nicht Zeit.

Gracchus.

So erging's auch mir —

Lictor.

Im Namen des Consuls: Ruhe!

Metellus

(auf der Tribüne, steht auf; Scipio setzt sich zu den Senatoren, Gracchus auf
den Sessel zur Rechten).

Scipio Africanus! Es ist ein Ehrentag für das römische
Volk, dich, den Sieger über alle seine Feinde, nach glücklicher
Heimkehr wieder in diesen Mauern zu sehn. Wär' ich ein
Redner wie Gracchus, würd' ich deine Verdienste so zu preisen
wissen, daß selbst die Steine auf dem Forum dich begrüßen
sollten. Doch als ein alter Mann, mit mehr Herz als Zunge,
sag' ich nur dies: deine Freunde im Senat (auf Opimius blickend)
haben es für eine Pflicht der Dankbarkeit erachtet, dich heute
in feierlicher Versammlung willkommen zu heißen; ich, der Consul,
habe ihnen freudig beigestimmt; und so ruf' ich dir zu: Heil
dem Scipio Africanus, unserm großen Krieger und erleuchteten
Bürger!

Opimius.

Heil ihm!

Senatoren und Volk.

Heil, Heil dem Scipio Africanus!

Scipio (steht auf).

Ihr Senatoren und Bürger! Mein Dank kann nicht so
laut sein, wie euer ehrender Ruf: ich habe nur Eines Mannes
Stimme gegen die geschäftigen Tausende um mich her. Doch die
Ehre, die mich hier empfängt, täuscht mich nicht über den
Fieberpuls des Kranken, an dessen Lager ich heimkehre —

Metellus.

Welches Kranken?

Scipio.

Welches Kranken, fragst du? Des römischen Staats! —
Ich verließ ihn in gesunder Kraft, find' ihn nun im Fieber;
von der Seuche der Empörung angesteckt, unbändig, verwildert,
mit verwüstetem Haupt und unruhigen Gliedern! Was für ein
Zustand ist das? Wem verdanken wir's, daß diese große Republik,
vor der der Erdkreis erzittert, unanständig auf der Gasse liegt
und in ihrem trunkenen Taumel weder regieren noch gehorchen kann?

Gracchus (steht auf; mit ruhiger Würde).

Diese Frage fordert ihre Antwort; fordert sie von m i r.

Volk (Einzelne).

Hört! Gracchus antwortet.

Gracchus.

Von allen Römern, die ich kenne, ehre ich Keinen so hoch wie dich, Scipio Africanus; darum antwortete ich auch Keinem so gelassen, wie dir! — Rom sagst du, ist krank. Wer ist Rom? Das Volk allein, oder Volk und Senat? Wenn Rom krank ist — und beim Himmel, es ist so — scheint allein der römische Senat dir gesund? Fühl' auch i h m an den Puls; du wirst in seinem Blut ein wildes, verderbliches Feuer finden! Als du im Lager vor Numantia lagst, wer zerbrach da das Gesetz in Rom und schickte Tiberius Gracchus, den Volkstribun, in den schmachvollen Tod? Als du jetzt von Spanien herüber= schifftest, wer sandte Gajus Gracchus, dem Volkstribun, den Meuchelmörder ins Haus? Wenn das Volk, durch das Gift dieses Beispiels angesteckt --

Drusus.

Volkstribun, hüte deine Zunge! Wenn ein elender Bandit den Dolch gegen dich zückt, was geht's uns an?

Lätorius (der hinter Gracchus steht).

Ein elender Bandit, den noch Elendere schickten!

Scipio.

Wer spricht dort? Still! — Gajus Gracchus, laß diese Frevelthat aus dem Spiel. Es gab Diebe und Mörder in Rom, so lange Rom steht. Den allgemeinen Geist der E m p ö r u n g klag' ich an —

Gracchus.

Rom krankt, sagst du! Es war krank, eh ich kam; ich kam als A r z t, ihm zur Genesung zu helfen! (Mit wachsendem Gefühl) Römische Männer! Ich, ein Bürger von edlem Blut, der Letzte vom Stamm des Scipio, des Siegers von Zama, ich, der ich um Roms willen meinen Bruder verlor, der ich von allen Söhnen der Cornelia einzig noch übrig bin, — wenn ich von den großen Göttern Ruhe und Frieden begehrt und mich in mein ſtilles Haus verſchloſſen hätte, damit unſer Stamm nicht mit der Wurzel hinweggerafft würde, — weder Götter noch Menſchen, denk' ich, hätten mir dieſe Gunſt verſagt. Doch ich ſah dieſen kranken Staat und gelobte mir, ihm Glück, Jugend, Frieden, und wenn das Geſchick es wolle, auch das Leben zu opfern. Sprecht, was hab' ich gethan? Wenn das römiſche Volk mich zum Tribunen erwählte, duldete ich das gegen das Geſetz? Wenn ich euch beredete, die verpeſteten Eiterbeulen unſerer Verfaſſung wegzubrennen, that ich das gegen das Geſetz? Wenn ich ſage: Senat, theile deine Macht mit dem Volk! ſag' ich das gegen das Geſetz? — Hier ſteh' ich, ein ſo treuer Sohn unſrer Republik, wie Scipio, wie irgend ein Mann unter der römiſchen Sonne! Iſt meine Liebe ihr verderblich, ſtatt ihr Heilung zu bringen, nun ſo rufe ſie mich ſelbſt als Opfer auf: was der Name Gracchus zuſammenfaßt, iſt ihr geweiht. War mein Leben ein Irrthum, ſo berichtige ihn mein Tod! Oeffnet meine Bruſt wie die des Tiberius, ſtoßt eure Schwerter hinein; — und ihr Götter, deren Fluch wie eine Wetterwolke über dieſem ſiechenden römiſchen Staate ſchwebt, lenkt den tödtlichen Donnerkeil auf des Haupt des letzten Gracchus ab und nehmt ſeine Aſche als Sühnopfer für uns alle dahin!

Lätorius (begeiſtert).

Gracchus! Gracchus, unſer Gott! — Nein, du ſollſt leben für Rom!

Volk (begeiſtert durcheinander).

Sollſt leben, leben für Rom!

Metellus.

Nun beim Jupiter, das heißt gut geſprochen; das war ein Wort!

Opimius (zu Druſus, leiſe).

Sieh den Scipio an; ſiehſt du, wie ſein ehernes Geſicht zu ſchmelzen anfängt? Ich kann nicht mehr hinſchauen, mir wird übel —

Druſus (leiſe).

Still!

Gracchus.

Scipio Africanus! Ich ſage noch ein Wort zu dir — nicht weil du meiner Schweſter Gemahl biſt, auch nicht weil

du keinen Antheil haſt an meines Bruders Mord; ſondern weil
ich in dir ein edles, heiliges Abbild dieſes römiſchen Staats,
die reinſte Form römiſcher Mannheit und Tugend vor Augen
ſehe. Ich weiß, meine Werke gefallen dir nicht! Ob ſie den
Göttern gefallen, weiß weder Scipio, noch Gracchus. Ich
begehre nur Eins: Scipio bekenne, daß, was hier geſchehen iſt,
nach dem Recht geſchah — und er gehorche den neuen Geſetzen, wie er den alten gehorchte. Der erſte Bürger Roms
lehre Senat und Volk, daß der Grundſtein jedes Reichs die
Selbſtüberwindung iſt, und der Frieden des Geſetzes wird
uns wiederkommen.

Metellus.

Das iſt ein Wort; ſo ſolls ſein!

Scipio (ſanfter als vorhin).

Warum rufſt du mich ſo feierlich auf? Wär' ich den
neuen Geſetzen nicht gehorſam, wär' ich nicht Scipio. So lange
du ſo denkſt, wie du heut im Angeſicht der Götter geſprochen,
ehr' ich in dir, wie Manches ich auch beklagen mag, den guten
Bürger des Staats. Mög' es uns dann in Rom an Frieden
und an Eintracht nicht fehlen!

Metellus.

Frieden — Eintracht! So ſei es!

Pomponius (Gracchus' Hand drückend; leiſe).

Gajus, ich vergöttere dich! — Alles, Alles wird gut.

Druſus (leiſe zu Opimius).

Faſſe dich, ſag' ich! Noch giebts einen Keil, zwiſchen ſie
zu treiben! (Steht auf; laut.) Ich höre viele ſanfte Worte, doch ich
ſehe nicht klar. Wie denkt Scipio? Denkt er über des Tiberius
Gracchus Tod noch wie vordem, oder nicht?

Metellus.

Des Tiberius Gracchus Tod — das gehört nicht hierher!

Opimius.

Gehört nicht hierher? Wenn Gajus Gracchus gekommen iſt,
ſeines Bruders Tod an uns zu rächen?

Drusus (leise).

Das ist gut, das ist gut! — Sieh, wie Gracchus erblaßt! — Es ist heut des Tiberius Gracchus Todestag.

Opimius (steht auf; laut).

Es ist heut des Tiberius Gracchus Todestag! Ist es wahr oder nicht, Scipio Africanus, daß, als du vor Numantia von seinem Untergang hörtest, du jenen alten Vers des Homeros ausrieffst: „Also verderb' ein Jeder, der ähnliche Werke vollführt hat?" Gabst du damals dem Blutgericht des Senats Recht, oder nicht?

Metellus.

Warum rührst du das auf —

Drusus.

Sprich, Scipio, sprich! Starb Tiberius Gracchus mit Recht, oder nicht?

Scipio.

Was ich sagte —

Gracchus (mit erregter Stimme).

Sprich, Scipio, sprich! Du warst nicht mitschuldig an jenem Mord: verhüten die Götter, daß du's heute werdest! Wenn die dreisten Mörder —

Scipio (stolz).

Belehre mich nicht, wie ich mich fassen soll! Rede nicht von „Mord". War des Tiberius Gracchus Wille, die Republik zu zerstören und sich zum König zu machen — wie man von ihm sagte — so starb er mit Recht. Doch wenn er nicht so Verderbliches wollte —

Drusus.

Sprachst du vor Numantia jenes Wort des Homer, oder nicht?

Scipio.

Ob ich es gesprochen —

Gracchus.

Scipio Africanus! sprachst du vor Numantia jenes Wort, oder nicht?

Scipio (gereizt).

Ja, ich sprach's! Warum fragst du mich mit dieser hebenden, verurtheilenden Stimme? Ich sprach's und ich wiederhol's!

Wenn den Senat die Nothwehr zur Rettung des Staates zwang —

Gracchus (in wachsender Erregung).

Was sprichst du von Nothwehr? Stolzer Priester der Bürgertugend, heiligst du den Mord, wenn das vermeintliche Wohl des Staates ihn gebietet? Soll der blutigste Frevel —

Scipio.

Was that dein Bruder Tiber? Er rüttelte an den Säulen der Republik. Er war für sein Vaterland gefährlich, wie nicht Hannibal war! Wer so in den Eingeweiden seines Staates wühlt —

Gracchus.

Scipio, halt' ein! Und wär' er selbst gefährlich gewesen, wie nicht Hannibal war: rechtfertigst du vor allem Volk, vor den Göttern des Himmels seinen Mord? Er war der Bruder deines Weibes, war mein Bruder, — und mir ins Angesicht wagst du zu sagen: man erschlug ihn mit Recht?

Scipio.

Fürcht' ich mich vor dir? — Und wär' er Blut von meinem eigenen Blut, — was ist das Leben Eines Mannes gegen das Heil des Staats? Nieder mit ihm in den Staub, Vater, Sohn oder Bruder, wenn der Staat ohne seinen Tod nicht leben kann!

Opimius.

Nieder mit ihm!

Die Senatoren.

Nieder, nieder mit ihm!

Gracchus.

Hört es, die Geier krächzen über seinen Tod! Sie hören die mordlustige Stimme des Adlers, und ihre eigne verschüchterte Mordgier schreit wieder auf! — Scipio, ich sage dir, gieb Acht, was du sprichst! Wenn du die bösen Geister wieder entflammst — wenn es euer Recht war, meinen Bruder zu tödten —

Scipio.

Nun? Was dann?

Gracchus.

So ist es des Gajus Gracchus Recht, zum Heil des Staats
den römischen Senat, Mann für Mann, niederzustoßen mit gehei=
ligtem Schwert! Diese Tausende von Bürgern zum Gemetzel
gegen euch aufzurufen, „Mord! Mord!" durch die Gassen zu
predigen, und in wilder Feuersbrunst der Rache Alles, was nur
die Brauen gegen meinen Willen zuckt, zu Asche eingesunken in
den Koth zu treten!

Metellus.

Still, still! — Heiliger Jupiter!

Scipio.

Was für ein Feuer flackert in deiner Stimme? — Du
warst gekommen, sagtest du, Roms Krankheit zu heilen —

Gracchus.

Widerrufe, sag' ich! Widerrufe, daß meinem Bruder Tiberius
Recht geschah! Oder ich gebe dein Haupt, wie du das Haupt
des Tiber, jedem blutigen Gedanken preis!

Opimius.

Hört ihr ihn? Er verräth sein Herz; hört ihn!

Scipio (wild).

Gieb mich preis, wem du willst: ich bin Scipio, vor
Menschen fürcht' ich mich nicht. Und hätt' ich noch vor einer
Stunde widerrufen wollen, — jetzt gieß' ich meine Worte in
Erz und schleudre sie dir ins Gesicht. Wie der Geist der Rache
stehst du da, wie der verförperte Schatten deines Bruders Tiber!
Dein Gedanke ist nicht Versöhnung, sondern Blut! Unsern
Untergang willst du —

Gracchus (die Hände hebend).

Ja, beim rächenden Mars! Rühmt ihr euch eurer Werke,
so ruf' auch ich die Geister meiner Thaten gegen euch an!
Dolche sind die Gedanken, die ich hier aussäe unter das
römische Volk; Dolche sind die Gesetze, die das Volk hier durch
seinen Tribun verkündet: den morschen Leib des Senats sollen
sie zerfetzen! — Schärfe sie nicht! Widerrufe, Scipio — bekenne,
daß Tiberius durch elende Mörder fiel — oder ich rufe: Ver=
geltung über dich und sie!

Lätorius (wild).

Vergeltung über sie alle!

Volk.

Rache, Rache, Rache über die Mörder!

Metellus.

Gracchus, halt ein —

Scipio.

Ruft dein Echo schon „Rache?" — Nun denn, beim Olympier, so wiederhol' ich's dir ins Angesicht, du entlarvter Heuchler, du schnöder Feind unsers Staats: Tiberius Gracchus fand seinen gerechten Tod! Und „so verderb' ein Jeder, der ähnliche Werke vollführet!"

Gracchus.

Römische Bürger, ihr hörts! Römische Bürger, ihr hört's! — Ihr Erinnyen, ihr Rachegeister der Hölle — (die geballten Fäuste gegen Scipio hebend) Ich verfluche dich — ich verfluche dich — bis in den Tod!

Pomponius
(ergreift Gracchus entsetzt am Arm).

Gajus! Gajus!

Lätorius (mit wilder Stimme).

Er ist verflucht — er ist verflucht und verfallen!

Volk
(durcheinander, während Metellus, händeringend, vergebens zu sprechen sucht).

Nieder mit Scipio! — Tod über die Mörder!

Scipio.

Ruft, bellt, heult, ihr heisern Schweißhunde der Rache! Zwanzigmal hab' ich euch in wilden Schlachten geführt: ich, der Feldherr, fürchte eure Kehlen und eure Mordmesser nicht. Ich werde heute so ruhig schlafen gehn, wie einst auf den Trüm= mern Carthago's, und die römischen Mörder so unbesorgt, wie die Hyänen Afrika's erwarten!

Volk (nur noch einzelne Stimmen).

Fort mit dir!

Scipio.

Wer geht mit Scipio?

Senatoren (heben die Hände).

Wir! wir! wir! (Metellus verläßt die Tribune, tritt zu Scipio.) Es lebe Scipio, der Fürst des Senats! (Entfernen sich tumultuarisch mit Scipio nach links.)

Volk.

Es lebe Gracchus der Volkstribun!

Opimius
(zu Drusus, mit Triumph, — während das Volk mit Gracchus nach rechts hinauszieht).

Drusus, dein Keil war gut! Diese beiden Mühlsteine sollten uns zermalmen: rechts und links rollen sie hinunter — wir athmen frei!

(Der Vorhang fällt.)

Vierter Aufzug.

Ein Platz in Rom. Links das Haus des Scipio Africanus, im Profil sichtbar; einige Stufen führen zur Hausthür hinauf. Rechts mündet eine Straße auf den Platz, nach vorne zu durch das Haus des Gracchus begränzt, das, schräg aus der Coulisse hervortretend, dem Zuschauer seine Vorderseite zeigt. Im Hintergrunde links ein offenes Thor, das in eine andere Straße hinausführt, und Gemäuer, das sich in die Coulisse verliert.

Erster Auftritt.

Nacht. Bewaffnete junge Bürger gehn vor Gracchus' Hause auf und ab; zwei Fackeln, an der Hauswand befestigt, beleuchten den Platz nur schwach. Pomponius sitzt auf einem Schemel vor der Thür, in sich versunken. Gleich darauf tritt Licinnia aus dem Hause, hinter ihr Euporus, eine Fackel in der Hand.

Licinnia.

O ihr Götter! Kommt Gajus n i e m a l s nach Haus? — Euporus, siehst du nichts?

Euporus.

Liebe Herrin, nichts.

Licinnia.

Keine Fackeln dort die Straße herauf? Geh an die Ecke, sieh ob er kommt. Vielleicht kommt er vom C a p i t o l herab! — — Nichts?

Euporus (kommt zurück).

Nichts.

Licinnia.

Geh, sieh durchs Thor! — — O Gajus — Scipio — O welche Nacht!

Pomponius (trübsinnig aufblickend).

Es werden noch schlimmere kommen; fasse dich, gute Frau.

Licinnia.

Wie? Du bist da? Du, und ohne Gajus?

Pomponius.

'S sind genug Köpfe und Fäuste um ihn her, die ihn schützen; dazu braucht's die Muskeln des Pomponius nicht! — Und so sitz' ich hier (kummervoll) und philosophire auf meine eigene Hand.

Licinnia.

Warum kommt er nicht nach Haus? Wo hast du meinen Gajus gelassen?

Pomponius.

Wo? — Sorge dich nicht um deinen Gajus: sie stehn ja um ihn her, viele Hunderte, nennen ihn ihren Gott, zerstampfen seine Feinde zu Kleie, setzen ihn zu oberst aufs Capitol und geben ihm den Donnerkeil in die Hand! Wenn das ihre Worte sind, was werden erst ihre Thaten sein? — O wir Glücklichen, die wir diese Dinge erleben -- und was da noch kommen wird!

Licinnia.

Still! Warum quälst du mich? — Wo ist Gajus, frag' ich?

Pomponius. '

Rom hat sich getheilt: die Einen, mit deinem Gajus, ver= stopfen alle Gänge und Poren des großen Circus, rufen die Götter an und verwünschen den abscheulichen Senat; und die Andern, mit Scipio, sitzen in der großen Halle vor dem Jupiter= tempel, rufen die Götter an und verwünschen das abscheuliche Volk. Warte noch eine Weile, gute Licinnia; dann wirst du sehen, wie die klugen Richter im Olymp sich entscheiden, ohne die betenden Parteien zu verletzen!

Euporus (kommt vom Thor zurück).

Ich sehe nichts, liebe Herrin.

Licinnia.

Nichts! — Treibt denn auch die Nacht sie nicht nach Haus? (Erblickt die Bewaffneten, erschrickt.) Was wollen diese hier vor unsrer Thür?

Pomponius.

Gute Freunde, mit guten Schwertern! Das römische Volk hat sie hergeschickt, damit sie den Volkstribun vor seinen Gönnern im Senat bewachen. (Mitleidig.) Gute Licinnia, warum zitterst du? Fürchte dich nicht. Dein Gajus wird nach Hause kommen, wird schlafen wie sonst, du wirst seinen Athem hören und Morgens erwachen wie sonst. Diese Unwetter auf dem Marktplatz kommen und gehn! — (Mit ausbrechendem Kummer.) Warum mußte er sich auch zuletzt noch reizen lassen, wie ein Stier in der Arena? Er stand wie ein olympischer Sieger da: warum ließ er sich den Kranz von der Stirn herunterreißen?

Licinnia.

Still, still! Er kommt. Mein Ohr erkennt seinen Tritt! (Ihm entgegen.) Gajus, Gajus!

Zweiter Auftritt.

Die Vorigen, Gracchus mit Agricola und Volk; später Cornelia.

Gracchus
(kommt mit einem Bürgerhaufen, Laternen und Fackeln von links, bleich und ernst; steht in der Mitte still).

Sieh da, mein Weib! — — Ich dank' euch, ihr lieben Freunde, für das Nachtgeleit. Helle Fackeln, leuchtende Augen und feurige Herzen — beſſere Sterne als die da oben unter dem Dach der Welt. Gute Nacht! Schlafen wir aus für die kommenden Tage: es giebt noch Arbeit in Rom.

Agricola (ſcherzend).

Wir sind das Arbeiten gewohnt! — Gute Nacht, Tribun.

Volk.

Gute Nacht! — Nach Hause! (Gehn theils nach rechts, theils durch das Thor ab.)

Gracchus.

Gute Nacht! (Sieht zum Himmel hinauf.) Die Nacht ist schwarz; Wolken hängen nieder! Kühl und schwül ist die Luft.

Licinnia (seine Hand fassend).

Auch in dir ist's schwarz; Wolken auf deiner Stirn! (Mit hervorbrechendem Schmerz.) Gajus, Gajus, wie kommst du mir zurück?

Gracchus.

Ich dachte, friedfertiger — besser; — doch in uns sind Geister, die unsere Reden säuseln oder stürmen lassen, wie sie wollen. Stolz wie Götter beschließen wir Dies und Das, und wie Schmetterlinge, von Knaben in die Luft geworfen, flattern wir an unsichtbaren Fäden! (Mit stillem, unterdrücktem Grauen.) Es ist weit gekommen! Krieg zwischen diesem Scipio und mir! (sich mit schmerzhaftem Ausdruck die Hand an die Stirn legend) Mein Gehirn ist wüst von alledem; — beim Jupiter, ich weiß nicht, wie kam es so weit?

Cornelia (tritt in die Hausthür, ruft).

Euporus! Bist du draußen?

Euporus.

Bin hier. (Tritt zu ihr hin.)

Cornelia.

Begleite mich — (erblickt die Andern) Gajus! — Du bist da!

Gracchus (erschrickt; mühsam).

Sieh, meine Mutter! — — Wohin? Noch im Schleier in die Nacht hinaus?

Cornelia (düster).

Du fragst, wohin? — Gajus, was hast du mir gethan? Wenn sich dieser Abgrund zwischen dir und Scipio nicht wieder schließt, so wird er verhängnißvoller für unser Rom, als der Abgrund des Curtius war; so ist für die Mutter der Gracchen Glück und Frieden dahin! — Ich will hinüber in Scipio's Haus: will deine Schwester beschwören, daß sie ihrem Mann nicht Ruhe gönnt, bis er sich versöhnt —

Licinnia.

O Mutter! noch heut?

Cornelia.

Soll ich warten, bis ein andrer Tag andre Schicksale bringt? Ich will ihr sagen, wie ich's mit meinem Gemahl gemacht, wenn die Stürme auf dem Forum ihn verwildert hatten. — O ihr Männer! Um ächte Männer zu sein, hütet ihr euch, weise Menschen zu werden!

Pomponius
(der trübsinnig dagesessen, steht auf und tritt näher).

Cornelia, das Wort hat dir die Eule der Minerva ins Ohr geflüstert. Aber was hilft's? Werden nicht immer ächte Männer ächte Männer bleiben?

Gracchus.

Geht, martert mich nicht! — Mutter, geh und thu's: versuch' uns zu versöhnen. — Ich wollte Frieden mit ihm! — Ihr Götter, oder wer da über uns waltet, ich ruf' euch zu Zeugen an: ich wollte Frieden mit ihm!

Cornelia.

Euporus! (Euporus geht ihr mit der Fackel voran; klopft an Scipio's Hausthür. Man öffnet, sie treten ein.)

Licinnia (bittend).

Gajus — nach Haus! (Gehn in des Gracchus Haus. Pomponius, den Licinnia durch eine Geberde auffordert, zu folgen, lehnt es halb mürrisch ab und bleibt stehn.)

Pomponius.

Jetzt ruft er die Götter an! Warum that er's nicht früher, als Opimius ihm diese glühende Kohle auf die Zunge legte? Warum hat er sie nicht ausgespuckt?

Dritter Auftritt.

Pomponius, Lätorius.

Lätorius
(kommt von rechts, in dunklem Gewand, mit aufgeregten, doch leisen Schritten; wirft die Augen nach allen Seiten umher, bleibt zuletzt hinter Pomponius stehn, in die Straße zurückblickend, aus der er gekommen ist).

Pomponius
(kummervoll vor sich hin, sich schüttelnd).

Das Fieber, das dem römischen Staat durch die Adern läuft, steckt an: ich verspür's in mir. Ich werde krank! Immer klingt's mir wieder in den Ohren, dieses verwünschte Wort vom Gracchus: „ich verfluche dich!" — Meine Nerven sind schlecht. Ich sollte nach Hause gehn und unter die Decke kriechen — (Wendet sich, erblickt Lätorius und erschrickt.) Pluto und Proserpina! Wer steht da wie ein Geist?

Lätorius.

Ein Geist mit Fleisch und Bein, und mit Namen Lätorius.

Pomponius.

Lätorius! — Warum stehst du auf einmal da, wie aus dem Mantel der Nacht hervorgekrochen? Mann, was führt dich hieher?

Lätorius (besinnt sich).

Mich? — Dort nach der Wache zu sehn, — ob sie wacht, wie sie soll.

Pomponius.

Deine Augen irren sonderbar umher, — wie wenn es hinter Wolken wetterleuchtet. Mann der ewigen Unruhe, kommst du vom Wein? Hast du zur Feier dieses schönen Friedenstages jungen Most getrunken?

Lätorius.

Daß ich nicht wüßte.

Pomponius.

Oder hat dich auch das römische Fieber angesteckt? — Ich bin ein halber Arzt; gieb mir deinen Puls. Pfui! Deine Hand ist kalt und feucht. Gute Menschen, sagt man, haben trockene Hände! — Wo warst du vorhin, als das Volk mit Gajus in den Circus zog?

Lätorius.

Ich?

Pomponius.

Ja, du! Warum fragst du so verloren zurück und starrst die Straße hinunter?

Lätorius.

Ich war im Tempel des „rächenden Mars."

Pomponius.

Mensch, was thust du im Tempel des rächenden Mars?
Hast du ihm irgend ein feindliches Land zum Opfer gelobt?

Lätorius.

Dies oder das, — sei es was es sei. — Pomponius,
gute Nacht.

Pomponius.

Gute Nacht! Dir kann man sie wünschen, junger Mann:
nach Schlaf siehst du nicht aus. Doch wen soll's wundern: die
Menschen sind wie die Zeiten! — (Halb vor sich hin, weich.) Ich
will Gajus noch freundlich gute Nacht sagen, eh ich heimgehe:
ich war vorhin mürrisch gegen ihn. — Führe dich nach Haus,
Lätorius, und wünschen wir uns für morgen einen bessern Tag!

Lätorius (dumpf).

Für Jeden, der ihn verdient!

Pomponius (nach Scipio's Haus hinüberfehend).

Scipio, scheint's, kam noch nicht nach Haus. (Gutmüthig
lächelnd.) Ich möchte nicht so „verflucht" sein wie er — nicht
um die Ruinen von Carthago und Numantia! — Beim Jupiter,
ich wünsch' ihm dennoch eine wohlschlafende Nacht. Mög' er von
Frieden und Versöhnung träumen, und morgen mit dem rechten
Bein zuerst aus dem Bette steigen! (Grüßt zum Abschied, geht an
Gracchus' Haus. Einer der wachenden Bürger — die fast alle in ihre Mäntel gehüllt
am Boden liegen — öffnet ihm die Thür; Pomponius geht hinein.)

Vierter Auftritt.

Lätorius, später Scipio mit Gefolge.

Lätorius
(sieht ihm nach, dann vor sich hin; mit fanatischer Ruhe).

Du irrst: Scipio stirbt noch heute Nacht. Sein Leben ist
verfallen, dem Mars gelobt! — Gajus Gracchus, ich danke dir,
daß du mir diese That gegeben hast; ich bin ein glücklicher

Mensch. Heute kann ich dir zeigen, wer ich bin, kann etwas thun für dich, die Freiheit und Rom! — Als du sein Haupt preisgabst, übergabst du es mir. Du hast die Erinnyen angerufen, hast ihn verflucht — keine Macht der Erde soll ihn mehr retten. (Seinen Dolch hervorziehend.) Diesen Dolch hat der Fluch von deinen Lippen geweiht! Gracchus, so geb' ich dir Rache für deinen Bruder Tiber!

Opimius (hinter der Scene).

Gute Nacht, Scipio!

Lätorius.

Sie kommen die Straße herauf. Fackeln! (Steckt den Dolch wieder ein.) Ich erwart' ihn hier. Still und fest will ich ihm in die Augen sehn, wie einem todten Mann. Mein Blut klopft ruhiger, sanfter, als ich dachte! (Horcht, tritt zurück.)

Scipio
(kommt von rechts, die Censoren neben ihm, Sclaven mit Fackeln).

Du fröstelst, alter Fannius? Mich dünkt, es ist eine weiche, schwüle, wollüstige Nacht. — — Nein, sagt mir heute nichts von Umkehr oder Versöhnung! Rache und Untergang zu predigen wie ein Dämon! — Hab' ich darum Numantia und Carthago in Steinfelder verwandelt und der Ehre Roms Hunderttausende von Menschenopfern gebracht, um jetzt den Staat dieser Einen verwilderten Zunge preiszugeben? Laßt mich; genug für heut. — Erkälte dich nicht; gute Nacht. (Die Censoren, nach kurzem Abschiedsgruß, gehn hinten durchs Thor ab, Sclaven mit Fackeln vor ihnen her. Scipio winkt seinen beiden Sclaven, weiterzugehn; erblickt Lätorius, der ihm mit ehrerbietiger Geberde in den Weg tritt.) Nun? Was soll's?

Lätorius.

Gieb mir die Erlaubniß, Consular, dir zu folgen. Ich bringe Botschaften und Briefe für dich.

Scipio.

Mit wem red' ich?

Lätorius.

Mit einem Römer aus Carthagonova, vom Prätor der Provinz an dich abgeschickt. Nachrichten von Eile —

Scipio.

Der Prätor ist nicht in Carthagonova, sondern zu Schiff unterwegs; ich verstehe dich nicht.

Lätorius (sich fassend).

Zu Schiff unterwegs? — Er fuhr freilich aus, doch der Sturm warf ihn wieder zurück. Und da ihn dann wichtige Nachrichten überfielen —

Scipio (etwas unwillig).

Ich dachte daheim endlich Ruhe zu finden! — — Doch die Geschäfte kennen nicht Nacht und Tag. Tritt ein; laß mich in meinem Zimmer lesen und hören, was es giebt. Oeffnet! — — Die Thür öffnet sich von selbst. (Cornelia tritt mit Euporus hervor.)

Fünfter Auftritt.

Lätorius, Scipio, Cornelia, Euporus.

Scipio.

Du bist's!

Cornelia.

Ich war bei deinem Weib. Sie sitzt in der Halle, sorgt um dich und weint. Geh, Scipio, tröste sie!

Scipio (mit gutmüthig rauhem Lächeln).

Ich glaube, ich kenne diese Thränen: wenn die Weiber weinen, wollen sie uns irgend ein Netz über den Nacken werfen. Du warst bei ihr!

Cornelia.

Und was sagst du damit?

Scipio.

Theure Mutter Cornelia! Der alte Marcus Cato sagte gerne von Rom: „Alle Völker herrschen über die Weiber, wir über alle Völker, — über uns aber die Weiber." In meinem Hause soll dies Wort nicht Wahrheit werden, so lange Scipio lebt!

Cornelia.

Stolzer Mann! (Halblaut, mit einem Blick auf Lätorius, der mit ab-
gewandtem Geſicht hinter ihnen ſteht.) Eh du über deine Schwelle trittſt,
vergönnſt du mir noch ein Wort?

Scipio (ſeine Ungeduld unterdrückend).

Dir kann ich's nicht weigern! (Zu Lätorius.) Ich bitte dich,
geh voran; ich folge dir nach. (Lätorius mit Scipio's Sclaven ins
Haus. Euporus tritt in den Hintergrund zurück.) Was für ein Wort?

Cornelia (düſter).

Scipio Africanus! Wer nicht will, daß die Frauen über
ihn herrſchen, der herrſche über ſich ſelbſt.

Scipio.

Und was ſagſt du damit?

Cornelia.

Herrſchteſt du über dich ſelbſt, als du heut auf dem Markt
meinem Gajus gegenüber ſtandeſt? Als du ſeinen Bruder in den
Tod verdammteſt — als du ihm ſelbſt vor allem Volk ins
Geſicht rieffſt: „du ſchnöder Feind unſres Staats" — warſt du
da der Herrſcher über dich ſelbſt?

Scipio (etwas verwirrt).

Sagt' ich das? — Nun, ſo ſagt' ich die Wahrheit. Wie
ein losgeketteter Dämon ſtand er da, warf uns ſeinen Haß, ſeine
Flüche ins Geſicht wie ein Schloſſenwetter! War ich noch der
Scipio, wenn ich da ſchwieg?

Cornelia.

Wer iſt der Scipio in dir? Der weiſe, königlich gelaſſene
Mann, der Alle bezwingt, weil er ſich ſelbſt bezwang — oder
der blinde Sclave ſeines Zorns? — Gajus iſt jung, du nicht.
Gajus war's, den man reizte — du nicht. Kannteſt du ihn von
Jugend auf und wußteſt nicht, daß es in ſeiner heißen, ſtür=
miſchen Bruſt donnern muß, wenn ein Blitz hineinfährt?
und daß ſeine Seele krank iſt an ſeines Bruders Tod?

Scipio (finſter vor ſich hin).

Es kam ſo über uns beide! Wie ein Wind plötzlich um
die Ecke ſauſt, ſo war es da. — — Mich, ſeinen Feldherrn

von Numantia, seiner Schwester Mann, wie einen Schandfleck der Natur zu verfluchen!

Cornelia.

Weil er dich bewundert und ehrt wie keinen Andern in Rom, kann er dir auch zürnen wie keinem Andern. O Scipio! Ich kenn' ihn: heute Nacht wird er sich auf seinem Lager wälzen, still mit sich reden: Apollo, Jupiter, helft mir — legt mir alle meine bösen Worte wieder auf die Lippen zurück! Reißt sie aus Scipio's Herzen wieder heraus; laßt die Feinde Roms nicht triumphiren, gebt uns den Frieden, den ich wollte — Frieden und Versöhnung!

Scipio (ergriffen).

Hm! — — Ich war der Aeltere; also sollt' ich freilich auch der Weisere sein. Das griechische Feuer, das aus ihm hervorbrach, steckte auch mich in Brand! (Faßt ihre Hand.) Mutter Cornelia! Ich will gleichfalls auf meinem Lager mit mir selber reden; will's bedenken, beschlafen. Gute Nacht! Gracchus und Scipio dürfen nicht Feinde sein. (Da sie reden will.) Sage mir nichts mehr! Bin ich so weit, so find' ich selbst meinen Weg. (Freundlich lächelnd.) Auch in den Frauen, Cornelia, wohnen gute Geister! — Gute, gute Nacht!

Cornelia (glückselig).

O Scipio! — Gute Nacht! (Scipio geht ins Haus. Pause.) Euporus! (Euporus tritt heran.) Kanntest du den Jüngling mit dem bleichen, spanischen Gesicht, der vorhin ins Haus trat?

Euporus.

Er zeigte mir nur seinen Rücken; hab' sein Gesicht nicht gesehn.

Cornelia.

Mög' er Scipio's gute Gedanken nicht stören! — Und dann ein sanfter, tiefer Schlaf; Schlaf giebt Vernunft!

Euporus (lächelnd).

Ja, beim Zeus! (Gehn in des Gracchus Haus.)

Sechster Auftritt.

Metellus mit seinen **Söhnen**; später ein **Sclave**, **Opimius**, **Drusus** und **Fosk.**

Metellus

(kommt mit Aulus und Rufus durchs Thor, ein fackeltragender Sclave vor ihnen her; kummervoll und zornig).

Widersprich mir nicht, Aulus! Widersprecht mir nicht! Er war ein Mann, der mehr Größe im Finger hatte, als ihr in der ganzen Hand; ein zweiter Numa hätt' er werden können! — Aber alle Götter sollen ihn verwünschen, daß er so ein Orkan, so eine Feuersbrunst ist — daß er nicht Frieden halten kann in Rom!

Aulus.

Das ist's ja nur, was ich sage.

Metellus.

Du! — Aber wie sagst du's? Mit dieser hämischen Larve, mit so 'nem gekniffenen, schadenfrohen Lächeln; — geh mir mit deinem Gesicht. (Zornig den Kopf schüttelnd.) Den Scipio, unsern größten Mann, wie einen Räuber und Mörder in den Grund zu donnern!

Rufus.

Und uns alle mit Dolchen zwischen den Rippen zu kitzeln!

Metellus.

Sei still! — Der Zorn treibt solche Blasen, die in der Luft zergehn. — — Ich muß zum Scipio; muß ihn heut noch sprechen! Im Senat schrie Opimius mit seiner Trompeten=stimme so laut, daß sie mich nicht hörten; die Vernunft hat nie Lunge genug! — Ich muß hinein und ihm sagen: Mann, wir sind nicht auf dem Schlachtfeld, sondern in Rom —

Stimme
(in Scipio's Haus, dumpf und schwach).

Mord! Mord!

Metellus.

Hört' ich da nicht etwas? Dort in Scipio's Haus?

Aulus.

Ich hörte nichts.

Metellus.

Seltsam! Es klang wie „Mord".

Aulus (lachend).

Du hörst immer mehr, Vater, als wir andern Menschen!

Lätorius
(öffnet Scipio's Hausthür, wirft einen verwilderten Blick über den Platz, eilt dann, an das Haus gedrückt, nach hinten zu und verschwindet um die Ecke).

Metellus.

Still, böse Zunge! — — Mir ist, als lief dort eben ein Schatten an der Wand entlang; — jetzt ist er fort.

Rufus (betroffen).

Beim Herkules! Ein Mensch oder ein Geist. Aulus, sahst du's auch? (Aulus nickt.)

Stimme eines Sclaven (im Haus).

Mord, Mord, Mord! Mein Herr liegt ermordet!

Aulus (entsetzt).

Heiliger Mars.

Metellus.

Still! — Rief es nicht: „mein Herr ist ermordet?"
(Nach Fassung ringend.) Das ruft der Thürhüter im Traum —

Der Sclave (stürzt heraus).

Mord, Mord, Mord! Scipio, mein Herr, liegt erschlagen an seiner Thür! Haltet den Mörder fest!

Metellus (entsetzt).

Mensch, bist du bei Sinnen? Scipio, dein Herr —

Der Sclave.

Ist ermordet, ermordet! (besinnungslos) helft — — Es ist zu spät — (ruft ins Haus hinein) Wacht auf! — Sempronia! — Mein Herr liegt da und ist todt! Wacht auf, wacht auf!
(Stürzt wieder hinein, durch die offene Thür. Die Bürger vor Gracchus' Haus sind aufgefahren, stellen sich zusammen. Andre Bürger kommen hinten ans Thor und von rechts an die Straßenecke, stehen und horchen.)

Gracchus der Volkstribun.   6

Metellus.

Beim grauenvollen Tartarus — er ruft und ruft: Scipio
ist todt! — Nun, so muß ich hinein — (Eilt ins Haus.)

Aulus (erschüttert).

Du wirst blaß, Rufus! — Wollen wir nicht nach?

Opimius
(drängt sich rechts an den Bürgern vorbei, Drusus und Sclaven mit Fackeln
hinterdrein).

Halt! Wer ist da? — Sie rufen „Mord"; was ist hier
geschehn? Liegt Gajus Gracchus erschlagen —

Aulus.

Gajus Gracchus? Der lebt! Gajus Gracchus hat den
Scipio erschlagen lassen — da drinnen liegt er in seinem Blut!
(Bewegung des Volkes.)

Drusus.

Wie? Treffen des Gracchus Flüche so schnell? Das war
die Meinung? Der wilde Donner seiner Drohungen flog, um=
gekehrt wie in der Natur, vor dem Blitzstrahl her? — Bürger,
hört ihr's: Scipio liegt ermordet! Eure Schwerter bewachen
Gracchus, euren Tribun, und der unbewachte Scipio fällt durch
Gracchus' Dolche!

Metellus (tritt wieder in Scipio's Thür).

Kein Athem mehr — er ist todt! Unser Scipio todt!

Drusus (rasch, leise).

Opimius! Dieser Tod wird unser Sieg, oder alle Götter
haben uns verlassen! — Die Bürger stehen betäubt, entsetzt.
Hinein, hinein, tragt die Leiche heraus: aus dieser Einen Wunde
soll mehr Blut fließen, als in allen Scipionen rollte! (Zu seinem
Sclaven.) Bursch, gieb mir dein Schwert!

Opimius (zu den Söhnen des Metellus).

Hinein zum Scipio; kommt! (Die Drei mit Metellus ins Haus.
Drinnen Getöse; Stimmen durcheinander: „Scipio todt; Mord, Mord!")

Drusus

(geht an des Gracchus' Thür, schlägt mit dem Schwert daran; mit aller Gewalt seiner Stimme).

Gajus Gracchus, römischer Volkstribun! Tritt hervor aus deiner Drachenhöhle, enthüll' uns dein giftspeiendes, mörderisches Antlitz! Scipio, dein Feind, ist todt: tritt heraus, laß uns dein Triumphgelächter hören, zeig' uns beim Fackelschein dieser Mord=nacht dein wahres Gesicht!

Volk

(von allen Seiten mit und ohne Fackeln herbeieilend).

Mord, Mord! — Was für ein Mord ist geschehn?

Siebenter Auftritt.

Drusus, Bürger, Pomponius, dann Gracchus, Cornelia, Licinnia; Metellus, seine Söhne, Opimius mit Scipio's Leiche; Sclaven und Volk.

Pomponius (tritt aus Gracchus' Haus hervor).

Was für eine Stimme aus der Unterwelt schreit hier vor der Thür? — Gajus, heraus!

Gracchus (ihm folgend).

Was rufen sie? Was für ein Scipio ist todt?

Drusus.

Mensch mit der ehernen Stirn, du fragst: „was für ein Scipio ist todt?" — Schau hin, Volkstribun: in ihrer ganzen Länge trägt man dir die Antwort heraus. Betrachte sie dir genau, unschuldiger Mörder, und dann frag' noch einmal: „was für ein Scipio ist todt?"

(Metellus, seine Söhne und Opimius tragen Scipio's Leiche, halb verhüllt auf einer Bahre heraus; Sclaven mit Fackeln folgen. Cornelia und Licinnia stürzen aus Gracchus' Hause hervor.)

Gracchus.

Weh mir! — Ist das Scipio oder mein Gedanke —

Cornelia (zurückfahrend).

Phantom der Nacht!

6*

3

Opimius.

Blick her! (Enthüllt die Leiche. Starke Bewegung des Volkes.)

Metellus (in furchtbarer Erregung).

Gracchus, Gracchus, Gracchus — ich verwünsche dich!
Hier liegt deine Rache, Mörder; gieb uns den halben Erdkreis
für ihn, du giebst uns Scipio nicht! — Alle Zeichen über dich
waren falsch: ein Dämon, aus dem Orcus aufgestiegen, ist
menschlicher, römischer als du!

Licinnia.

All ihr heiligen Götter! Metellus — Gracchus —

Gracchus (tritt in völliger Verstörung vor).

Alter Mann, halt ein! Was verklagst du mich? Beim
grausigen Tartarus —

Metellus.

Still, rühre deine verfluchte Zunge nicht mehr! Dolche
jeder Art hast du in unsre Straßen geworfen — bis einer traf!
Mörder! (Sein Gewand zerreißend.) So zerreiß' ich die letzte Gemein=
schaft zwischen dir und mir; bei diesem stummen Scipio schwör'
ich's: Feindschaft bis in den Tod!

Opimius
(zu einem von Scipio's Sclaven, der mit Schwert und Schlachttrompete hinter
ihm steht).

Setz' deine Trompete an den Mund; sie hat vordem Car=
thago stürmen helfen! — Volkstribun! Du klagtest uns an, daß
wir deinen Bruder gerichtet wider Gesetz und Recht! Sei ruhig,
dir wird dein Recht: dich soll die Trompete rufen nach der
Sitte der Väter, — vor das Schwert des Senats! (Er winkt
dem Sclaven; dieser stößt in die Trompete; mächtige Töne.)

Gracchus.

Hört mich, römische Bürger! Dieser Mord —

Drusus (zum Sclaven).

Blas' ihn nieder! Blase! (Neue Trompetenrufe, Gracchus über=
tönend.) Fort aufs Capitol! Tragt Scipio's Leiche durch alle
Straßen umher!

Gracchus.

Römer, hört mich an! Bei den allmächtigen Göttern —

Opimius.

Blas' in die Trompete, bis ihm die Zunge verdorrt!
(Der Sclave bläst; lange, wilde Töne.) Hebt die Leiche! — Gracchus,
wir rufen dich: mach' dich bereit zum Gericht!

Licinnia (zusammenbrechend).

Helft mir — ich sterbe!

(Der Vorhang fällt.)

Fünfter Aufzug.

Auf dem Aventin. Der heilige Bezirk des Tempels der Diana, rechts und nach hinten zu durch eine Mauer mit Portal begränzt. Links vorne ein kleiner kapellenartiger Bau, dessen Thür auf die Bühne führt; dahinter treten Bäume hervor; Gebüsch zu beiden Seiten. Im Hintergrunde der Tempel selbst, um einige Stufen erhöht; durch die von Säulen getragene Vorhalle sieht man ins offne Innere hinein, erblickt die riesige Statue der Göttin und davor den Altar, von Flammen beleuchtet, die auf Kandelabern und in Schalen brennen.

Erster Auftritt.

Nacht. Bewaffnete Bürger liegen theils um ein Feuer unweit der Mauer, theils auf den Tempelstufen; andre, zum Theil behelmt und gepanzert, darunter **Agricola**, stehn rechts am Thor und links neben den Bäumen. Ein alter **Priester** im Tempel, vor dem Altar der Diana opfernd. Gleich darauf **Euporus**; später
Pomponius.

Agricola (am Thor).

Wer da?

Euporus (draußen).

Guter Freund.

Agricola.

Die Losung!

Euporus.

Der Aventin.

Agricola.

Das Zeichen!

Euporus.

Tempel der Diana.

Agricola (öffnet).

Tritt ein. — Euporus!

Euporus

(tritt ein, in einen Mantel mit Kapuze gehüllt, ein Schwert umgegürtet).

Ja, ich bin's. Beim Zeus, ihr bewacht euch gut! Dreimal hab' ich so stehn müssen und Antwort geben: zuerst unten am Fuß des Aventin, dann beim großen Thor, jetzt hier an der Tempelmauer. Wo ist Gracchus, mein Herr? — Heiliger Cerberus, was für eine Nacht!

Agricola.

Stör' den Volkstribun nicht; (nach links zeigend) dort in dem Priesterhäuschen sitzt er, will allein sein mit seinen Gedanken. Was giebts? Seit zwei Stunden schon halten wir hier oben alle Löcher besetzt, wie in einer Burg, hören den verfluchten dumpfen Lärm aus der Stadt herauf, und erwarten den Tag! Will's denn heut niemals Morgen werden? Mich friert.

Euporus.

Laß mich zu meinem Herrn! Ich bring' ihm Botschaft herauf.

Agricola.

Was soll's? Hast du des Gracchus Frauen aus der Stadt geleitet?

Euporus.

Ich nicht; der alte Seleukus führt sie nach Ostia zu, — durch die dunkle Nacht. 'S war hohe Zeit, daß sie abzogen: wie da unten in den Gassen Alles durcheinanderrennt, nach Waffen schreit, und tobt gegen meinen Herrn! Laß mich hinein, sag' ich! Wissen muß er ——

Agricola.

Schrei nicht so, Sclav: bei der Diana auf dem Aventin muß man stille sein. Wenn du mit deinem Herrn schwatzen willst ——

Pomponius

(ein Schwert an der Seite, tritt links aus dem Priesterhäuschen hervor; mit gedämpfter Stimme).

Was spricht da? — Euporus, du zurück? Hast du gehorcht, gespäht?

Euporus (nicht).

In diese Kapuze verkrochen, bin ich umhergezogen mit den wilden Haufen, den Sclaven der Senatoren; Niemand hat mich erkannt. Ich war auf dem Capitol, Herr! Da sieht's fürchterlich aus — Zeus soll mich bewahren!

Pomponius.

Sprich kurz wie ein Römer: was giebt's auf dem Capitol?

Euporus.

Kretische Bogenschützen stehn da, wohin man sieht; betrunkene Sclaven zu Tausenden mit Fackeln und langen Schwertern laufen umher, fluchen, schreien: „Nieder mit Gracchus! Nieder mit den Mördern!“ Und unten vor dem Rathhaus die Senatoren, die großen Herren, alle Mann für Mann, alle blitzend von Waffen; auch der alte, graue Metellus darunter, die Brauen über die Augen gezogen, mit Schild und Schwert. Und die Leiche des Scipio mitten auf dem Platz, ein Feuermeer von Fackeln um sie her; und die singenden Priester, und das schreiende Volk!

Pomponius.

Eine schöne, liebliche, glückverheißende Nacht! — Hast du auch Opimius, den großen Metzger, gesehn?

Euporus.

Er stand — (Gracchus erblickend, leise.) Still! Er ist da.

Zweiter Auftritt.

Die Vorigen, Gracchus. (Der Priester verläßt den Altar und verschwindet nach hinten.)

Gracchus

(tritt aus dem Priesterhäuschen, bleibt für sich allein stehn und starrt, ganz in sich versunken, vor sich hin).

Es war Götterwerk! — Den Senat dacht' ich in den Staub zu werfen — nun liegt Scipio da. Irgend einen Dämon haben sie ausgeschickt, ihm den Pfeil des Verhängnisses in die Hand gegeben — und unter dem Hohngelächter aller bösen Geister schwirrte er in diese geheiligte Brust!

Pomponius (tritt zu Gracchus, halblaut).

Gajus, was thust du? Wozu dies entgeistete, abgrundtiefe Gesicht? Willst du die Wenigen, die mit dir heraufgezogen sind, auch noch irre machen?

Gracchus (sich plötlich aufraffend).

Ich? — (laut) Euporus!

Euporus (herantretend).

Herr!

Gracchus.

Mein Weib, meine Mutter sind fort?

Euporus.

Ich sah sie, Herr, wie sie das Haus verließen; alle die Sclaven mit den nackten Schwertern um sie her; so zogen sie still hinaus.

Gracchus.

Mein Haus verödet; Vater und Bruder, die beiden steinernen Schatten, allein in der Halle! — — Weiß Niemand von euch, wo Lätorius ist? Warum sah man ihn noch nicht, diese ganze Nacht?

Pomponius.

Warum? — Du fragst, aber Niemand antwortet. Die Nacht hat ihn verschluckt.

Gracchus.

Oeffne dich, du rabenschwarzer Vorhang der Welt, hefte nicht länger dein blicklos stieres Auge auf mich, laß den goldnen Sonnenwagen herauf! — O Apollo, nie in meinem Leben sehnt' ich mich so nach Licht!

Pomponius.

Ah was! Licht genug für das Auge, das sehen will. Sie, die dich durch alle Gassen Roms als Mörder des großen Scipio verwünschen — so wahr ich den schläfrigen Kopf des Pomponius auf den Schultern trage, sie selber, sag ich, haben ihn umgebracht!

Gracchus.

Beweis' es!

Pomponius.

Lehr mich Opimius kennen —

Euporus (eifrig).

Opimius! — Herr, Herr, ja, so ist's! — Als ich auf dem Marktplatz stand —

Pomponius.

Sprich, Alter: was sahst du da vom Opimius?

Euporus.

Er stand nicht weit von Scipio's Leiche und sagte lächelnd zum Drusus, der daneben stand, daß ich's hören konnte: „Drusus, zehntausend Goldstücke dem Mann, der ihn kalt gemacht! Nie starb uns ein Mensch so zur rechten Zeit!" Und der Andre nickte und lächelte vor sich hin.

Pomponius.

Und lächelte vor sich hin! — Hörst du's, Gajus; fährt dir dies Licht in die Augen? Zehntausend Golddenare für den Mörder — ei, und warum denn nicht? Wenn der ermordete Scipio auch dich ermordet, wenn's dem weisen Opimius gelingt, den lebenden Feind durch den todten zu tödten?

Gracchus (ergriffen).

Ein Gedanke — zu verrucht für jedes andre Gehirn! — Beim Jupiter, ich glaube, es wird hell um mich: ich sehe die blut'gen Hände des Opimius. Sein Herz lacht, während seine Lippen mich als Mörder verfluchen!

Pomponius (grimmig).

Und unterdessen zappeln wir hier oben im Netz! (Trompeten-stoß rechts hinter der Scene.) Ho! Was blasen sie dort?

Lictor (draußen).

Laßt den Herold ein!

Gracchus.

Oeffnet! (Die Bürger öffnen das Thor. Ein Lictor tritt ein, einen Heroldsstab in der Hand, von einem Trompeter begleitet. Die liegenden Bürger stehn auf und treten näher.)

Dritter Auftritt.

Die Vorigen, Lictor, Trompeter.

Lictor.

Im Namen des Consuls und des Senats der römischen
Republik!

Pomponius.

Sage deinen Spruch.

Lictor.

Gajus Gracchus, ich fordre dich, vor dem Senat zu er=
scheinen; diese Bürger und Sclaven friedlich nach Haus zu
schicken, und dich zu verantworten als ein einzelner Mann, vor
gerechtem Gericht.

Pomponius.

Vor gerechtem Gericht! — Damit sie ihn bei der Kehle
fassen, den einzelnen Mann, und ihm sein Haupt vor die Füße
legen!

Gracchus.

Still! Laß ihn reden.

Lictor.

Erscheinst du nicht sofort, ohne Waffen und Wehr, so er=
klärt dich der Senat für einen Feind des Staats, und verheißt
dem, der ihm dein Haupt überbringt, es aufzuwiegen mit un=
gemischtem Gold.

Pomponius.

Ich höre die goldene Weisheit des Opimius! — Geh zurück
und meld' ihm: wir geben nicht so viel für des Opimius Haupt!
(Die Bürger lachen.)

Lictor.

Und endlich verheißt der Senat Jedem, der diesen Hügel
verläßt, eh' der Kampf gegen die Empörer beginnt, daß er
straflos sein soll wie die guten Bürger; doch unfehlbaren Tod
Jedem, der nicht mit mir, dem Lictor, hinuntergeht, wenn ich
den Hügel verlasse.

Agricola.

Biſt du fertig, Lictor, ſo wandle wieder nach Haus. Wir
wollen keine guten Bürger ſein; ſ ch l e ch t e wollen wir ſein!
Wir haben einen verdammten Widerwillen gegen die guten Bür=
ger und den guten Senat, und für unſern ſchlechten Volkstribun
wollen wir leben und ſterben!

Bürger (durcheinander).

Ja, ſo iſt's! — Unſer Tribun ſoll leben! (Verworrener Lärm
hinter der Scene, heranwachſend. Gracchus horcht nach hinten.)

Agricola.

Halt! Was für ein ſonderbares Kriegsheer zieht von da
hinten heran?

Vierter Auftritt.

Die Vorigen. Cornelia. Licinnia, (der vorhin verſchwundene) alte Prieſter, ein
Haufe bewaffneter Bürger, darunter Carbo, Sclaven und Sclavinnen mit Fackeln
(erſcheinen von hinten her, ziehn in den Vordergrund).

Gracchus.

Iſt das ein Blendwerk? Meine Mutter — mein Weib?
Allmächtiger Jupiter, was führt e u ch unter die Krieger herauf?
— Licinnia! Wer befahl dir, nach Oſtia zu ziehn? Warum
ſpotteſt du meiner und gehorchſt mir nicht?

Licinnia (vor ihm auf den Knieen).

Runzle nicht ſo die Stirn; herrſche mich nicht an! Ich
bin dein Weib, kann dich nicht verlaſſen! (Gajus —

Cornelia.

Gajus, mein bleicher Sohn, ſieh und hör' mich an! Wir
wollten hinaus, wie du befohlen hatteſt; da kreuzten dieſe wacke=
ren Bürger unſern Weg, — und ich faßte mir ein Herz und
ſprach ihnen zu. Sieh dieſe ehrenfeſten Männer, Gajus: für
ebenſo viele T a u ſ e n d e ſtehen ſie da. In allen Gaſſen, die zum
Hügel heraufführen, drängen ſich deine alten Getreuen, ſchämen
ſich, daß ſie in der Beſtürzung, in der Ueberrumpelung der Nacht
von dir laſſen konnten, wollen's noch nicht glauben, daß du, du

den Gemahl deiner Schwester, den edelsten aller Römer, hast hinmorden lassen! Vor ihnen beschwören sollst du, daß du un=schuldig bist, und sie folgen dir bis in den Tod!

Bürger.

Ja, ja! bis in den Tod!

Carbo (unter Cornelia's Begleitern vortretend).

Bürger Gracchus, so ist's! Hast du keinen Theil an diesem hundsföttischen Mord, so zieh mit uns, von unsern breiten Schultern und blanken Schwertern geschützt, hinunter auf den Markt, und nimm den todten Scipio bei der Hand, und vor diesem Priester der Diana beschwör' es, daß unser Feldherr Scipio kalt ge=worden ist ohne deine Schuld. Kannst du das, so stehn wir alle zu dir, und kein Herold des Senats, kein Richterspruch soll dir auch nur ein Haar an deinen Augenbrauen krümmen!

Licinnia (in tiefster Erregung).

Gajus, hör' mich an! Ich bin dein Weib, hab' alle meine Tage nur wie ein Weib gedacht. Heut will ich vor dir hergehn, — für dich sterben und die Augen schließen wie ein römischer Mann! Lächle nicht: es ist Manneswort! An meiner Hand sollst du vor die Leiche treten, sprechen, schwören, daß du kein Mörder bist — und dann mögen sie zum Kampfe blasen, die Fackeln schwingen, durch die Gassen daherstürmen: ich will vor dir stehn und mit meiner Brust all ihre Schwerter empfangen!

Gracchus (gerührt, erschüttert).

Licinnia — was ist mit dir geschehn? Was für ein Wun=der hat dich mir so verwandelt? Du, du meine Heldin! — Komm an diese Brust, die du schützen willst — (Zieht sie an sein Herz.)

Liciunia.

Sprich, schwör' dich los!

Gracchus (sich leidenschaftlich aufrichtend).

Ich ein Mörder — wer sagt das? — Ihr Bürger und Krieger, seht mich an, wer ich bin! Der todte Scipio war ein

Enkel des großen Siegers von Zama: ich bin es auch. Wie ihr da steht, ihr alle habt unter Scipio gestürmt, gehungert, gelitten und gesiegt: ich hab' es auch. Ihr habt ihn geehrt, bewundert und geliebt: ich mehr als ihr alle! Doch der Senat trompetet's in die Nacht hinaus: ich hab' ihn ermordet! Glaubt ihr das, nun so reißt eure Schwerter aus der Scheide, Mann für Mann, und stoßt sie alle in diese lautlose Brust!

Bürger (durcheinander).

Nein, nein, nein!

Gracchus.

Bürger! Bei den heiligen Göttern, die da walten bei Tag und Nacht —

Pomponius.

Bei den zehntausend Goldstücken des Opimius —

Gracchus.

Ja, ja, ja — Hört mich an, ihr Bürger: die Hand, die die Posaune der Rache gegen mich erhoben, versteckt im Dunkel der Nacht das an ihr harschende Blut! (Bewegung unter den Bürgern.) Geht hinunter und greift nach dieser blutigen Hand: es ist Opimius Hand! — Wem auf Erden war der große Scipio mehr ein Alp auf dem Herzen, als dem Opimius? Wenn er seinen Dolch gegen Scipio warf, um dann mir das Schwert der Verleumdung in die Brust zu stoßen, — für wen starb er besser, als für Opimius? — Treuherzige Römer, an dieser Leiche wollten sie euch mit eurem Tribun entzweien; das Blut, das aus der großen, dunklen Wunde empordampft, eure sehenden Augen sollt' es blenden, und wie der Magnet das Eisen ruft, so des Bluts Geruch zum Blute locken!

Pomponius.

Hört ihr's!

Agricola.

Verrath! Feiger Mord!

Bürger (erregt durcheinander).

Verrath! — Opimius ist der Mörder!

Carbo.

Stille da! — Beim Mars, das beißt in die Augen:
Opimius hat's gethan! — Volkstribun, geh denn hinunter
mit uns! Nimm vor diesem heiligen Priester den todten Mann
bei der Hand, — und wir schmettern Alles in den grauen
Grund, was dich und uns von einander losreißen will!

Licinnia (in leidenschaftlicher Freude).

Gajus! Selig machst du mich — Auf, auf und komm!

Gracchus.

Gieb mir deine Hand, Licinnia! — Auf, ich bin euer
Mann! Diese Nacht werde mein Tod, oder die Freiheit Roms!

Bürger (begeistert).

Die Freiheit Roms! — Nieder mit den Mördern des
Scipio — Gracchus unser Befreier!

Carbo.

Auf, mir nach! (Wendet sich nach rechts. Fernes Hornsignal links hinter
der Scene, sich rechts wiederholend.)

Pomponius.

Was will dieses Horn?

Gracchus.

Horch! — Das kam nicht vom Forum; das kam von
der Tiber her. Was zieht da drüben herauf? (Lätorius tritt hastig
von links ein, mit verwirrtem Haar und verstörtem Gesicht, mit Helm, Schwert
und Schild; andere ebenso bewaffnete junge Bürger hinter ihm her.)

Fünfter Auftritt.

Die Vorigen, Lätorius, junge Bürger.

Gracchus.

Lätorius! Du!

Lätorius.

Volkstribun! Mach dich auf. Wir haben die hölzerne Brücke
besetzt, dir die Flucht zu sichern: doch auch dort rühren sich schon

die Haufen des Senats. Sie wollen dich einschnüren in ihrem
Netz; — auf, laß uns hindurchbrechen, eh es heißt: zu spät!

Gracchus.

Wie kommst du von dort herauf? Wo warst du die ganze
Nacht?

Lätorius.

Gerüstet haben wir die ganze Nacht! Unfern Eid noch
einmal geschworen, dir, unserm Haupt, Blut und Leben gelobt.
(Zieht seinen Dolch hervor.) So sollen alle Feinde unsrer Freiheit ver=
derben, wie der verdarb, den diese Waffe gefällt hat!

Gracchus (entsetzt).

Was ist das? Beim furchtbaren Pluto, von wem redest
du —

Lätorius.

Diesen Dolch leg' ich dir zu Füßen, Tribun: dein Fluch
hatt' ihn geweiht! Scipio starb für deinen Bruder Tiber; das
ist der Anfang der Rache und der römischen Freiheit!

Cornelia.

Weh mir!

Pomponius (gleichzeitig).

Bist du rasend, du —

Carbo (außer sich).

Die Aventiner haben ihn ermordet! die Verschwornen des
Gracchus haben ihn ermordet!

Pomponius
(nach Fassung ringend, während Gracchus von Grauen überwältigt dasteht).

Halt! Ruhe, Stille! (Zu Lätorius) Wer bist du, wahnsin=
niger Dämon, daß du deine Mordthat Gracchus zu Füßen
legst —

Lätorius.

Gracchus, der Volkstribun, wollte Scipio's Tod: darum
hab' ich, Lätorius, ihn getödtet! Verflucht war er und dem Tod
geweiht und „so verderb' ein Jeder, der ähnliche Werke vollführet!"

Carbo.

Das ist Mord; schnöder Mord! — Meineidiger Lügner, der du den Opimius vor uns verklagt und verflucht — du selbst bist der Verfluchte! Bürger, hinweg mit uns —

Bürger.

Gracchus! Mörder! Mörder!

Licinnia (vortretend, völlig verstört).

Halt! Halt ein! Wer ruft „Mörder" und Gracchus' Namen dazu? Das ist sinnlos — unmöglich — es ist keine Gemeinschaft zwischen Mördern und Ihm! Gajus, warum stehst du und schweigst: sag du's ihnen, sprich, schwöre dich los —

Gracchus (dumpf).

Bei wem sollt' ich schwören? Rief ich nicht alle Furien auf ihn herab? (Mit einem schaurenden Blick auf Lätorius) Den Mord, den dieses Dämons Seele gebar, ich hab' ihn erzeugt; meine Saat ging auf! Verwünscht mich, tödtet mich: hier steht Scipio's Mörder!

Licinnia (ihn anstarrend).

Gajus! bist du von Sinnen — — Bürger, Römer, hört ihn nicht an! Rettet euren Tribun!

Carbo.

Scipio's Mörder? Nie! Bürger, fort mit uns!

Bürger.

Fort mit uns! Weg mit ihm in den Tod!

Licinnia (verzweiflungsvoll).

Halt — Tödtet mich nicht! (Sich hinwerfend) Hier lieg' ich vor euch, das Weib eures Tribuns; euren Tribun könnt ihr nicht verlassen! Rettet, rettet ihn vor Schande und Tod! Bleibt, hört mich an —

Lictor (vortretend).

Gracchus, zum letzten Mal ruf' ich dich ins Gericht! (Fernes Trompetensignal rechts hinter der Scene.) Sie blasen zum Angriff: wer sein Leben retten will, der folge mir nach! (Hebt seinen Stab, geht durchs Thor; der Trompeter folgt.)

Bürger.

Fort! Hinunter, hinunter! (Tumultuarischer Aufbruch; Carbo und die Mehrzahl der Bürger drängen dem Lictor nach. Neue nähere Hornsignale von allen Seiten.)

Pomponius (mit seiner Erschütterung kämpfend).

Gracchus! Sie zieh'n heran — Götter und Menschen fallen von dir ab — Ermanne dich, wehre dich, laß uns für dich sterben! (Ein Feuerschein steigt hinten am Himmel herauf. Verworrener Lärm rechts hinter der Scene.)

Euporus.

Schaut, wie ein Nordlicht glüht's! Das ist auf dem Palatin; unser Haus steckten sie in Brand. Hört ihr den Waffenlärm —

Agricola.

Volkstribun! Wir, wir stehen zu dir! Eh dort unten das kleine Häuflein wegschmilzt, — auf, auf, mit uns zur Tiberbrücke hinab; sterben, oder hindurch!

Lätorius (erschüttert).

Gracchus! Sprich — sag' mir ein Wort — Laß mich noch versuchen, dich zu retten! (vor ihm aufs Knie sinkend) Du, der du der Herr meiner Seele warst —

Gracchus.

Hinweg, Mörder; hinweg! (Zieht sein Schwert, will es Lätorius in die Brust stoßen. Lätorius erwartet den Stoß, ohne sich zu rühren. Gracchus tritt zurück, wirft dann sein Schwert dem Lätorius vor die Füße.) Du verstehst dich besser aufs Niederstoßen als ich; Aventiner, stoß zu! Ich verwünsche mich, ich verfluche mich: du Rache = Dämon, also gieb mir den Tod!

Lätorius.

Gracchus —

Gracchus.

Stoß zu!

Lätorius.

Du bist grausam — erbarmungslos — Was wollt' ich Andres, als du? Scipio war dein Feind, du gabst sein Haupt jedem blutigen Gedanken preis. — — Weh mir! Er hört mich nicht. (Der Feuerschein wächst; neue Angriffssignale von allen Seiten. **Lätorius**, in wilder Verzweiflung) Aventiner, auf! Dem blutigen Tod hatten wir uns geweiht: unsere Zeit ist da! Fort, hinunter, in die schmetternden Trompeten hinein; gerichtet, verdammt, verflucht — treu unserm Eid, stürzen wir in den Tod! (Ab nach links; die Aventiner ihm nach.)

Pomponius (Feuerschein auch von links).

Sie stecken den Hain in Brand; der Feind ist herauf! (Verzweifelnd) Nun denn — hab' ich auch griechisch philosophirt, sollt ihr mich doch römisch sterben sehn! — Gracchus, gute Nacht! (Winkt den Bürgern, stürmt nach links hinaus; die Bürger und Euvorus ihm nach. Trompetenstöße.)

Licinnia.

Keine Rettung — nur Tod! — — Mutter Cornelia, steh nicht so da wie ein Bild von Stein; weine, weine mit mir! (Wirft sich auf die Erde.)

Cornelia (hinansstarrend).

Ein Todtenopfer wolltest du dem Tiberius anzünden, wie nicht Achilles für Patroklus gethan: Gajus, du hast's erreicht! Die Flammen lodern. Deine Treuen stürzen in den Tod. Mein Geschlecht geht unter: so mußt' es sein!

Gracchus (vor sich hinstarrend).

Scharf ist des Menschen Zunge wie ein zweischneidiges Schwert! Mit diesem Schwert erschlug ich den Scipio — und Roms Freiheit — und mich. — So zu sterben, Gracchus, — durch Gracchus verflucht! Verflucht bis in den Tod!

Cornelia.

Horch! sie stürmen herauf! (Schmetternde Trompeten, näher und näher. Die Tageshelle wächst. Die Sclavinnen stehn um Licinnia her, der Priester an den Stufen des Tempels, sein Gesicht verhüllend.)

Gracchus.

Nun so stürmt denn herauf, ihr blutlechzenden Senatoren, ihr Tyrannen Roms, ich will untergehn, doch mein letzter freier

Athemzug soll euch, die Sieger, verwünschen! Euch vererb' ich meinen unvertilgbaren Haß! Euch vererb' ich den Samen der Empörung, den ich ausgesäet, Euch vererb' ich diesen heutigen Tag, dessen Schatten eure Ferse treten wird, bis ihr, von stärkeren Tyrannen in den Staub gedrückt, Sclaven ihrer Sclaven, von Verachtung geschändet, mich beneiden werdet, wie ich unterging! (Er zieht einen Dolch aus seiner Toga hervor, wendet sich ab und dem Tempel zu: mit gedämpfter Stimme) Große Göttin, d i r bring' ich mein Opfer dar; Gracchus für Scipio — (Stößt sich den Dolch in die Brust.)

Cornelia (mit furchtbarem Aufschrei).

Gajus!

Licinnia (vom Boden auffahrend).

Er stirbt! (Eilt zu ihm, wirft sich neben ihm hin.)

Sechster Auftritt.

Gracchus, Cornelia, Licinnia, Priester. Sclavinnen; Euporus. später **Metellus**
mit Gefolge.

Euporus (von hinten hereinstürzend).

Alles ist hin — Pomponius, Lätorius gefallen — (Erblickt den Sterbenden, steht erschüttert still.)

Gracchus (matt).

Ich muß fort. — Cornelia — Rom — ihr meine Mütter, vergebt mir! — Rache und Freiheit — den Tiger und das Roß hatt' ich zusammengeschirrt; o meine Rache, die du die Freiheit zerfleischtest! So, so räch' ich meinen Bruder Tiber!

Licinnia.

Gajus — tödte mich!

Gracchus.

O Licinnia, meine Liebe überlebt meinen Haß; grüß' meine Lippen noch einmal, eh auch sie erlischt. O was für ein Kuß!

Süß, süß wie Frieden und Vergebung — schmerzvoll wie die
Schuld — — So zu sterben — ach! (Stirbt)

Licinnia.

Todt! Gajus todt! — O Mutter, hast du keine Thränen
für ihn?

Cornelia (furchtbar ruhig).

Ihr Götter da oben, nun habt ihr nichts mehr zu fordern:
meinen Letzten habt ihr mir genommen! — — Geweissagt hatten
sie mir's, eh ich ihn gebar: eine Flamme werde er sein, die
Rom verzehren werde oder ihn selbst. (Den Thränen nahe.) Die
goldene, goldene Flamme — erloschen liegt sie nun da. Nein
ich will nicht weinen; Rom ist mehr, als der Cornelia Sohn!

Metellus
(kommt von rechts, bewaffnete Senatoren und Sclaven um ihn her; Trompeten und
Hörner. Er tritt hastig vor, erblickt den Todten und betrachtet ihn in stummer
Bewegung).

Cornelia.

Consul Metellus! Sieh her: Mein Sohn Gajus ist todt.
Für Rom bracht' ich ihn zur Welt — für Rom bring' ich ihn
heut als Opfer dar, mit gehorsamer Seele — (blickt still auf ihn
hin; plötzlich mit gewaltsam sich lösendem Schmerz.) Mein Sohn! mein Sohn!
mein Sohn! (Wirft sich über ihn hin.)

(Der Vorhang fällt.)

Buchdruckerei von Eduard Sieger in Wien.

Verlag von L. Rosner.

Neues Wiener Theater.

№ 1.

Drei Paar Schuhe. Lebensbild mit Gesang in drei Abtheilungen und einem Vorspiele von Carl Görlitz. — Für die österreichischen Bühnen bearbeitet von Alois Berla. — Musik von Carl Millöcker. Preis 1 fl. ob. 20 Ngr.

№ 2.

Der Pfarrer von Kirchfeld. Volksstück mit Gesang in vier Akten von L. Gruber. Nebst einem dramaturgischen Berichte von Heinrich Laube. Preis 1 fl. ob. 20 Ngr.

№ 3.

Ein Vater, der seine Tochter liebt. Posse in 1 Akt nach dem Französischen von Hohenmarkt. Preis 50 kr. ob. 10 Ngr.

№ 4.

Isaak Stern. Posse mit Gesang in drei Akten (acht Bildern) von O. F. Berg. — (Neue Bearbeitung der Posse: „Einer von unsere Leut'!" desselben Autors.) Preis 1 fl. ob. 20 Ngr.

№ 5.

Der Meineidbauer. Volksstück mit Gesang in drei Akten. Von L. Gruber. Preis 1 fl. ob 20 Ngr.

№ 6.

Doctor Ritter. Dramatisches Gedicht in einem Aufzuge. Von Marie Baronin Ebner-Eschenbach. Preis 50 kr. ob. 10 Ngr.

№ 7.

Seit Gravelotte! Dramatische Kleinigkeit in 1 Akt von F. Zell. Preis 50 kr. ob 10 Ngr.

№ 8.

Die 73 Kreuzer des Herrn Stutzelberger. Posse in einem Akt. Frei nach dem Französischen von Ch. Homburg. Preis 50 kr. ob 10 Ngr.

№ 9.

Aus Cayenne. Original-Volksschauspiel in vier Aufzügen von Eduard Dorn. Preis 1 fl. ob. 20 Ngr.

№ 10.

Gringoire. Schauspiel in einem Akt von Ch. de Banville, deutsch von Betty Paoli. Preis 60 kr. ob. 12 Ngr.

Verlag von E. Rosner.

№ 11.

Ein liberaler Candidat. Lustspiel in einem Aufzuge von Sigmund Schlesinger. Preis 60 kr. ob. 12 Ngr.

№ 12.

Der letzte Nationalgardist. Volksstück in drei Aufzügen von O. F. Berg. Preis 1 fl. ob. 20 Ngr.

№ 13.

Prinzessin Georges. Pariser Sittenbild in drei Aufzügen von Alexander Dumas (Sohn). Deutsch von Eduard Mautner. Preis 1 fl. ob. 20 Ngr.

№ 14.,

Christiane. Schauspiel in vier Akten von Edmund Goudinet. Deutsch von Ed. Mautner. Preis 1 fl. 20 kr. ob. 24 Ngr.

№ 15.

Zwischen zwei Uebeln. Original-Posse mit Gesang in einem Akt von J. Brunner. Preis 60 kr. ob. 12 Ngr.

№ 16.

Zwei Ehen. Lustspiel in einem Akt nach Locroy, von Anton Ascher. Preis 60 kr. ob. 12 Ngr.

№ 17.

Auf verbotenen Wegen. Schwank in zwei Akten von Anicet Bourgeois & Grisebarre. Deutsch von Anton Ascher. Preis 60 kr. ob. 12 Ngr.

№ 18.

Liselotte. Historisches Genrebild in einem Akt von Sigmund Schlesinger. Preis 60 kr. ob. 12 Ngr.

№ 19.

Liebes-Tyrannei. Lustspiel in einem Aufzuge nach dem Französischen. Von Carl Creumann. Preis 60 kr. ob. 12 Ngr.

№ 20.

Die Kreutzelschreiber. Bauernkomödie mit Gesang in 3 Akten. Von L. Gruber. Preis 1 fl. 20 kr. ob. 24 Ngr.

№ 21.

Fernande. Pariser Sittenbild in 4 Akten von Victorien Sardou. Deutsch von Ed. Mautner. Preis 1 fl. 20 kr. ob. 21 Ngr.

№ 22.

Die Gräfin von Somerive. Schauspiel in 4 Akten von Barrière und Prébois. Preis 1 fl. ob. 20 Ngr.